Silke Hubrig

Genderkompetenz

in der Sozialpädagogik

1. Auflage

Bestellnummer 05008

■ Bildungsverlag EINS

Haben Sie Anregungen oder Kritikpunkte zu diesem Produkt?
Dann senden Sie eine E-Mail an 05008_001@bv-1.de
Autorin und Verlag freuen sich auf Ihre Rückmeldung.

www.bildungsverlag1.de

Bildungsverlag EINS GmbH
Sieglarer Straße 2, 53842 Troisdorf

ISBN 978-3-427-**05008**-7

© Copyright 2010: Bildungsverlag EINS GmbH, Troisdorf
Das Werk und seine Teile sind urheberrechtlich geschützt. Jede Nutzung in anderen als den gesetzlich zugelassenen Fällen bedarf der vorherigen schriftlichen Einwilligung des Verlages.
Hinweis zu § 52a UrhG: Weder das Werk noch seine Teile dürfen ohne eine solche Einwilligung eingescannt und in ein Netzwerk eingestellt werden. Dies gilt auch für Intranets von Schulen und sonstigen Bildungseinrichtungen.

Inhaltsverzeichnis

Einleitung

Weshalb ist das Thema „Geschlecht" in der sozialpädagogischen Praxis im Kindergarten bedeutsam? 6

1 Die Kultur der Zweigeschlechtlichkeit 9
1.1 Die individuelle und gesellschaftliche Bedeutung des Geschlechts 11
1.2 Der Kindergarten als weiblich geprägter Raum 13
1.2.1 Erzieherin – ein typischer Frauenberuf 13
1.2.2 Weibliche Strukturen im Kindergartenalltag 14

2 Sind geschlechtsspezifische Verhaltensweisen angeboren oder anerzogen? 17
2.1 Der biologische Erklärungsansatz zur Geschlechterdifferenz 18
2.1.1 Vorgeburtliche Geschlechtsentwicklung 18
2.1.2 Männliche und weibliche Gehirnstrukturen 19
2.1.3 Weder XX noch XY: Intersexualität 22
2.2 Der sozialbiologische Erklärungsansatz zur Geschlechterdifferenz 23
2.3 Der sozialtheoretische Erklärungsansatz zur Geschlechterdifferenz 24
2.3.1 Begriffsklärung „Geschlecht": Sex und Gender 24
2.3.2 Geschlechterrollen 25
2.3.3 Doing gender – Geschlecht wird gemacht 26
2.3.4 Vertiefung: Doing gender durch Körpersprache 29
2.3.5 Geschlechterstereotype 32
2.3.6 Heteronormativität als Bezugsnorm 36
2.3.7 Doing Life Course Difference – geschlechtstypische Territorien 38

3 Die psychologische Dimension: Entwicklung der Geschlechtsidentität ... 41
3.1 Klärung der Begriffe „Identität" und „Geschlechtsidentität" 42
3.2 Kinder entwickeln ihre Geschlechtsidentität aktiv 43
3.3 Die Entwicklung der Geschlechtsidentität im Krippenalter (0 bis 2 Jahre) .. 43
3.4 Die Entwicklung der Geschlechtsidentität im Kindergartenalter (3–6 Jahre) nach dem kognitionspsychologischen Erklärungsansatz, dem Stufenmodell von Kohlberg 45
3.5 Entwicklung der Geschlechtsidentität im Grundschulalter (7–11 Jahre) 50
3.6 Entwicklung der Geschlechtsidentität in der Lebensphase der Adoleszenz .. 51
3.7 Die Entwicklung der Geschlechtsidentität im jungen Erwachsenenalter 52
3.8 Ausbildung geschlechtstypischer Verhaltensweisen nach der sozialen Lerntheorie 52
3.8.1 Bekräftigungstheorie 52
3.8.2 Imitationstheorie 53
3.9 Bindungsidentität und Trennungsidentität – zum psychoanalytischen Erklärungsansatz zur Entwicklung der Geschlechtsidentität 54

3.10	Störungen der Geschlechtsidentität	57
3.11	Wie sind die Erklärungsansätze zur Entwicklung der Geschlechtsidentität im Zusammenhang zu verstehen?	58
3.12	Die Erzieherin als Modell und Identifikationsfigur von Jungen und Mädchen	59
3.13	Identifikationsmöglichkeit durch den eigenen Namen	63
4	**Geschlechtsspezifische Sozialisation**	**66**
4.1	Der Begriff „Sozialisation"	67
4.2	Sozialisationsinstanzen beeinflussen die Entwicklung der Geschlechtsidentität	68
4.2.1	Eltern	68
4.2.2	Gleichaltrige	70
4.2.3	Geschwister	71
4.2.4	Medien	71
4.2.5	Spielzeug	77
5	**Betrachtungsweisen der geschlechtsbewussten Pädagogik**	**84**
5.1	Gleichbehandlung von Jungen und Mädchen im Kindergarten – Der Versuch zur Angleichung der Geschlechter in antiautoritären Kinderläden	85
5.2	Theoretische Perspektiven der geschlechtsbewussten Pädagogik	85
5.2.1	Die Gleichheitsperspektive	86
5.2.2	Die differenztheoretische Perspektive	87
5.2.3	Die (de-)konstruktivistische Perspektive	87
6	**Was bedeutet „geschlechtsbewusste Pädagogik"?**	**89**
6.1	Prinzipien und Ziele geschlechtsbewusster Pädagogik	90
6.2	Die Erzieherin als Ausgangspunkt einer geschlechts-bewussten Pädagogik	91
6.3	Kinder bilden sich selbst	94
7	**Elemente des Kindergartenalltags geschlechtsbewusst betrachtet**	**96**
7.1	Spielen und Spiele	97
7.1.1	Spielräume und Raumgestaltung	97
7.1.2	Freispiel	98
7.1.3	Rollenspiele	100
7.1.4	Spielangebote für Jungen und Mädchen	104
7.1.5	Mädchenräume und Jungenräume	105
7.2	Medien und Bilderbücher	107
7.3	Bewegung, Musik, Rhythmik	113
7.4	Sprache	124
7.5	Partizipation – Beteiligung von Mädchen und Jungen	125
7.6	Kinder mit Migrationshintergrund	127
7.7	Elternarbeit	132
7.8	Alternative sexuelle Orientierungen und Lebensformen thematisieren	137

8	**Gender Mainstreaming**	138
8.1	Das politische Anliegen von Gender Mainstreaming	139
8.2	Was bedeutet Gender Mainstreaming für die Kindergartenpädagogik?	142

9   Beispiel: Konzeption des ersten geschlechterbewussten Kindergartens .. 146

Anhang: Quiz zum Thema „Geschlechtsidentität" 149

Literaturverzeichnis 154

Bildquellenverzeichnis 157

Sachwortverzeichnis 158

Einleitung

Weshalb ist das Thema „Geschlecht" in der sozialpädagogischen Praxis im Kindergarten bedeutsam?

Kinder im Vorschulalter werden von Erzieherinnen[1] oft als „vorgeschlechtlich" oder „geschlechtsneutral" wahrgenommen (vgl. Blank-Mathieu, 2002, S. 7). Das Thema „Geschlecht" wird häufig ignoriert, und manchmal wird so getan, als wäre es erst für ältere Kinder relevant. Jedoch entspricht diese Einstellung nicht der Realität der Kinder. Kinder sind nicht „geschlechtsneutral", sondern kommen vielmehr als Junge oder Mädchen in den Kindergarten.

Noch bevor ein Kind geboren ist, ist das Interesse an seinem Geschlecht groß. „Wird es ein Junge oder ein Mädchen?" ist eine häufige Frage an eine schwangere Frau.
Das Geschlecht spielt also von Anfang an eine bedeutsame Rolle. Im Mutterleib wird das Ungeborene mit einem biologischen Geschlecht ausgestattet.

In unserem kulturellen System, in dem vieles in männliche und weibliche Bereiche aufgeteilt ist, spielt das Geschlecht nicht nur im biologischen, sondern auch im sozialen Sinn eine zentrale Rolle. Somit ist auch der Kindergarten kein geschlechtsneutraler Ort. Im Gegenteil – dem erzieherischen Auftrag des Kindergartens wird im Hinblick auf die geschlechtliche Identitätsfindung der Jungen und Mädchen eine herausragende Rolle zuteil.

Im Kindergartenalter ist der Aufbau der Geschlechtsidentität eine der zentralen Entwicklungsaufgaben eines jeden Kindes. Insbesondere in dieser Lebensphase werden die Grundlagen dafür gelegt, ob sich die Jungen und Mädchen ihre Geschlechterrolle und ihre Geschlechtsidentität in der Art und Weise auf- und ausbauen können, die ihren ganz persönlichen Fähigkeiten, Wünschen und Bedürfnissen entspricht.

Der Kindergarten als Institution für Vorschulkinder hat diesbezüglich die große Aufgabe, geschlechtsbewusst zu erziehen. Dies ist umso wichtiger, als dass Kinder rund 4.000 Stunden ihres Lebens in einem Kindergarten verbringen (vgl. Elschenbroich, 2001, S. 15).

Die Erzieherin hat die Aufgabe, diese Entwicklung der Kinder zu begleiten, was vielen Erzieherinnen in seiner Tragweite bewusst ist. Erzieherinnen sind oftmals fest davon überzeugt, keine Unterschiede zwischen den Jungen und Mädchen zu machen, doch beim genaueren Hinsehen wird deutlich, dass sie Jungen und Mädchen in unterschiedlicher Weise motivieren, ermahnen oder loben. Dies geschieht in der Regel unbewusst. Oftmals ist die Aktion der Erzieherin eine schnelle Reaktion auf unterschiedliches Jungen- oder Mädchenverhalten. Während das Verhalten von Mädchen oft als „pflegeleicht" wahrgenommen wird, so fordert das Verhalten von Jungen meist mehr Aufmerksamkeit.

Durch die unbewussten geschlechtstypischen Interaktionen der Erzieherinnen werden Jungen und Mädchen in ihrem Verhalten bestärkt. Damit bleiben ihnen neue Erfahrungen verschlossen.

---

[1] Um die Lesbarkeit des Buches nicht unnötig zu erschweren, wird vorwiegend die weibliche Form verwendet. Selbstverständlich sind gleichzeitig auch alle männlichen Erzieher angesprochen.

Selbst wenn alle Kinder konsequent die gleichen Pflichten und Aufgaben in einer Kindergartengruppe übernehmen würden, würden sie nicht zwangsläufig in den Bereichen gefördert, die einer Förderung bedürfen. Die Fähigkeiten und Fertigkeiten, die in der Gesellschaft von Jungen und Mädchen erwartet werden, lernen sie in der Regel „von selbst" durch ihre Bezugspersonen – beispielsweise, dass Jungen mit technischem Spielzeug spielen und Mädchen eine Puppe füttern.

„Geschlecht" ist kein Projektthema im Kindergarten. Allerdings sollte es im alltäglichen Handeln im Kindergarten berücksichtigt werden. Ein geschlechtsbewusster, geschlechtssensibler Blick der Erzieherin sollte ein Grundprinzip ihres pädagogischen Handelns und Denkens sein.

Wichtig bei allen Überlegungen zu den Geschlechterunterschieden ist, dass die Differenz zwischen den beiden Gruppen „Mädchen" und „Jungen" gar nicht so erheblich ist wie von Laien häufig vermutet wird. Die Differenzen innerhalb der Gruppe „Mädchen" oder „Jungen" sind dagegen viel ausgeprägter!

Das vorliegende Buch hat zum Ziel, die Bedeutung, Ziele und Prinzipien geschlechtsbewusster Pädagogik für Erzieherinnen in der Ausbildung zu vermitteln. Da in der pädagogischen Praxis in Kindergärten kein Konzept geschlechtsbewusster Pädagogik besteht, orientieren sich viele der Aufgaben, welche die theoretischen Ausführungen ergänzen bzw. intensivieren, an der Kreativität der Schülerinnen. Nach Bearbeitung der Aufgaben sollen die Schülerinnen in der Lage sein, geschlechtsbewusste, pädagogische Angebote zu gestalten.

Zum Aufbau des vorliegenden Buches

Das erste Kapitel vermittelt grundlegende Kenntnisse über das kulturelle System der Zweigeschlechtlichkeit und macht deutlich, dass der Bereich „Kindergarten" ein gesellschaftlich-kulturell weiblich geprägter Raum ist.

Im zweiten Kapitel geht es um die Frage, ob und inwieweit die Geschlechtsunterschiede angeboren sind oder durch Erziehung erworben werden. Damit sich die Leserinnen ein umfassendes Bild der Problematik machen können, werden die relevanten Blickwinkel aus der Perspektive verschiedenster Wissenschaftsdisziplinen herangezogen. Die Leserinnen erwerben Kenntnisse über den biologischen, sozialbiologischen und sozialtheoretischen Erklärungsansatz der Geschlechterdifferenz. Zur Auseinandersetzung mit der Thematik werden Aufgaben angeboten, die sich an der Lebenswelt angehender Erzieherinnen und dem Beruf der Erzieherin orientieren.

Im dritten Kapitel wird der psychologische Erklärungsansatz zur Geschlechterdifferenz herangezogen. Dabei geht es insbesondere um die Entwicklung der Geschlechtsidentität. Während sich dieser Entwicklungsprozess in seinen Beschreibungen vor allem auf die Kognitionspsychologie bezieht, werden ergänzend weitere, bedeutsame psychologische Richtungen der Lernpsychologie und der Psychoanalyse beschrieben.

Das vierte Kapitel beleuchtet die geschlechtsspezifische Sozialisation. Es wird auf einzelne Sozialisationsinstanzen Bezug genommen und diese werden hinsichtlich ihrer Wirkung auf Mädchen und Jungen analysiert.

Das fünfte Kapitel geht auf theoretische Grundlagen der geschlechtsbewussten Pädagogik bzw. verschiedene pädagogische Betrachtungsweisen der geschlechtsspezifischen Differenzen ein. Fragen wie etwa „Müssen Jungen und Mädchen gleich behandelt werden?" oder „Müssen Jungen und Mädchen aufgrund ihrer Unterschiede auch verschieden behandelt werden?" werden geklärt.

Im sechsten und siebten Kapitel werden die theoretischen Kenntnisse auf die pädagogische Arbeit im Kindergarten übertragen. Der Begriff „geschlechtsbewusste Pädagogik" wird mit Inhalt gefüllt und es werden konkrete Vorschläge zur Umsetzung im Kindergarten gegeben. Ergänzend dazu werden Aufgaben gestellt, in denen die Schülerinnen selbst praxisrelevante Ideen entwickeln.

Um „Gender Mainstreaming" im Kindergarten geht es im achten Kapitel. Es wird vermittelt, was unter dem Begriff „Gender Mainstreaming" zu verstehen ist und was er für Erzieherinnen im Kindergarten bedeutet. Zudem werden Beispiele gegeben, wie Gender Mainstreaming in öffentlichen Räumen umgesetzt wird.

Im letzten Kapitel dieses Buches wird das Konzept des ersten geschlechtersensiblen Kindergartens aus Wien vorgestellt.

Biografische Einstiegsübung „Ich als Mädchen/Junge ..."

Es wird mit den Stühlen ein Außenkreis und ein Innenkreis gebildet, sodass jede Schülerin ein Gegenüber hat. Im Gespräch mit dem Gegenüber sollen sich die Schülerinnen mit den vorgegebenen Fragen auseinandersetzen. Nach ca. 5 Minuten sollte die Lehrkraft ein Signal geben, welches das Ende des Gesprächs kennzeichnet. Nun wechselt der Innenkreis im Uhrzeigersinn um einen Stuhl weiter und es erfolgt der Austausch über die vorgegebenen Fragen in der neuen Paarkonstellation bis zum nächsten Signal. Nach drei Wiederholungen kommt die Lerngruppe in einem großen Stuhlkreis zusammen und tauscht sich über Gemeinsamkeiten und Unterschiede aus, die während der Gespräche deutlich wurden.

Fragen

1. War ich ein typisches Mädchen/ein typischer Junge?
2. Was und mit wem habe ich gerne gespielt?
3. Wie war das damals im Kindergarten/in der Grundschule mit Jungen und Mädchen?
4. Was gefiel mir gut daran, dass ich ein Mädchen/ein Junge war? Was weniger gut?

1 Die Kultur der Zweigeschlechtlichkeit

Im ersten Kapitel erwerben Sie folgende Kompetenzen:

- Grundwissen über die Bedeutsamkeit des Geschlechts in Gesellschaft und Kultur
- Kenntnisse über die geschlechtsspezifische Aufteilung von Aktionsräumen in einer Kultur der Zweigeschlechtlichkeit
- Wissen um die gesellschaftliche Institution Kindergarten als einen weiblich geprägten Raum und den Beruf der Erzieherin als einen Frauenberuf

Aufgaben

1. **Beginnen Sie mit einem Experiment …**

   Kreisen Sie – ohne lange darüber nachzudenken – mit einem Stift spontan die Gegenstände ein, die „für Männer" sind. Unterstreichen Sie die Gegenstände, die Ihrer Ansicht nach „für Frauen" sind.

Sicherlich haben Sie diese Gegenstände schnell in die Struktur „für Männer" und „für Frauen" einordnen können. Vergleichen Sie das Ergebnis mit dem Ihrer Mitschülerinnen. An welcher Stelle gibt es Unstimmigkeiten?

2. *Fragen zur Diskussion*
    a) *Warum sind Sie in der Lage, Gegenstände den Kategorien „weiblich" und „männlich" zuzuordnen?*
    b) *Welchen alternativen Strukturierungsfaktor hätten Sie wählen können? Zum Beispiel „spitz und eckig" oder „für Kinder" und „für Erwachsene"?*
3. *Vorschlag für ein Experiment*

    Sammeln Sie Alltagsgegenstände (vgl. die Abbildung oben) und führen Sie das kleine Experiment mit Bekannten oder einer anderen Lerngruppe durch. Stellen Sie die Aufgabe, die Gegenstände zu ordnen. Teilen Sie das Thema, um welches es letztlich geht, nicht mit.
    In den meisten Fällen bestätigt sich, dass Menschen automatisch das Strukturprinzip der Geschlechter anwenden. Welche Erfahrungen machen Sie?

1.1 Die individuelle und gesellschaftliche Bedeutung des Geschlechts

Als Mädchen oder als Junge geboren zu werden hat Konsequenzen, die über die rein biologischen Unterschiede weit hinausgehen, denn das Geschlecht ist ein entscheidender Strukturierungsfaktor in unserer Gesellschaft.

Bereits während der Schwangerschaft wird in vielen Fällen das Geschlecht des Kindes ermittelt und das Lebewesen, noch bevor es geboren ist, in die Kategorie „männlich" oder „weiblich" eingestuft. Deutlich wird dieses beispielsweise bei der Auswahl eines eindeutig männlichen oder weiblichen Vornamens für das Kind. Dieser Einstufung kann sich kein Mensch entziehen.

In vermutlich allen Kulturen und Gesellschaften werden Menschen in die Kategorie „weiblich" bzw. „männlich" eingeteilt. Deshalb wird von einer **Kultur der Zweigeschlechtlichkeit** gesprochen. Damit verbunden sind gesellschaftlich-kulturell unterschiedliche Erwartungen und Vorschriften, beispielsweise in Bezug auf Spielzeug, geschlechtstypische Kleidung oder Arbeitsteilung (vgl. Kap. 2.3.2).

Im Laufe des Aufwachsens lernen Jungen und Mädchen die zu ihrem Geschlecht gehörigen Regeln und die Sprache. Jungen/Männer und Mädchen/Frauen müssen sich eindeutig ihrer Kategorie zuordnen und präsentieren – etwa durch ihr äußeres Erscheinungsbild. Wenn ein Mensch nicht eindeutig als Frau oder Mann zu erkennen ist, verunsichert dies in der Regel die Mitmenschen.

Als Orientierung, wie ein Mensch sich als eindeutig männlich oder weiblich präsentiert und agiert, dienen **gesellschaftliche Bilder von Weiblichkeit und Männlichkeit**. Sie resultieren aus den vorherrschenden gesellschaftlichen Normen und Werten sowie Vorurteilen und Klischeebildern. Ausgedrückt werden diese Rollenbilder beispielsweise durch Körpersprache, Kleidung oder vielfach auch durch die Berufswahl. Ein Abweichen von diesen Konventionen kann mit Konflikten verbunden sein.

Die biologische Grundausstattung eines Menschen bestimmt, ob der Mensch als männliches oder weibliches Wesen durch das Leben geht. Kultur und Gesellschaft hingegen legen fest, welche **Konsequenzen** das biologische Geschlecht für den einzelnen Menschen hat. Diese gibt es auf jeder Ebene des Lebens. So macht es einen Unterschied in der psychischen Struktur bis hin zur Berufswahl und damit verbundenen gesellschaftlichen Verhältnissen, ob ein Mensch als „weiblich" oder „männlich" kategorisiert wird.

Die permanente und konsequente Vergeschlechtlichung vieler Dinge, des Handelns, Wahrnehmens und Denkens bringt eine Struktur hervor, die eine organisierende Funktion für die Gesellschaft hat.

Mann oder Frau? Es ist für viele Menschen irritierend, das Gegenüber nicht als eindeutig männlich oder weiblich einordnen zu können.

Aufgaben

Diskutieren Sie folgende Fragen in Ihrer Lerngruppe:

1. Ist es Ihnen einmal passiert, dass Sie einen Menschen im Alltag gesehen haben und nicht sicher waren, ob es sich um eine Frau oder um einen Mann handelt? Wie haben Sie sich in dieser Situation gefühlt, in der die Kategorisierung nach Geschlecht nicht eindeutig war? Was haben Sie gedacht?

2. Finden Sie Beispiele aus dem alltäglichen Leben, in denen die Strukturierung in Mann und Frau deutlich wird (beispielsweise: Damentoilette und Herrentoilette, Damenmode und Herrenmode, Damenkränzchen und Herrengedeck).

3. Inwieweit wäre ihr Leben anders, wenn Sie zur anderen Geschlechterkategorie zählen würden? Gäbe es in Ihrem privaten Bereich beispielsweise andere Hobbys? Würden Sie sich anders kleiden? Gäbe es Änderungen im beruflichen Bereich? Würden Kolleginnen anders mit Ihnen umgehen? Wären Ihnen andere Dinge im Leben wichtig als jetzt? Hätten Sie andere Ziele im Leben?

4. Malen Sie sich aus, wie der Alltag wäre, wenn es die geschlechtliche Kategorisierung nicht geben würde. Nennen Sie ein Wort, welches ihr Gefühl bei dieser Vorstellung trifft. Teilen Sie sich das Wort innerhalb der Lerngruppe nach der „Blitzlichtmethode" (unkommentiert) mit.

5. Überlegen Sie Alternativen zum Geschlecht als Strukturierungsfaktor der Gesellschaft. Diskutieren Sie die Realisierung.

1.2 Der Kindergarten als weiblich geprägter Raum

Bei der Beschäftigung mit dem Thema „Geschlecht" in der sozialpädagogischen Praxis fällt auf, dass der Beruf der Erzieherin einer der typischsten Frauenberufe ist. Nur jede 30. pädagogische Fachkraft in einer Kindertagesstätte ist männlich (vgl. Rohrmann, TPS 2/2008, S. 26 ff.).

Die Erziehung von Kleinkindern ist demnach nach wie vor ein Bereich, der den Frauen zugeordnet ist. Die wenigen männlichen Erzieher im pädagogischen Bereich sind tendenziell in Institutionen für ältere Kinder, wie beispielsweise im Hort oder in einer Jugendwohngruppe, tätig.

1.2.1 Erzieherin – ein typischer Frauenberuf

Anfang des 19. Jahrhunderts war der Beruf der Erzieherin ausschließlich Frauen vorbehalten, denn die Aufgaben der Frauen zu dieser Zeit waren in der Regel auf die Bereiche Erziehung, Haushalt und Mutterschaft reduziert. Sozialarbeit diente unverheirateten Frauen als Ersatz für die Ehe bzw. Familie und Mutterschaft.

Dies änderte sich nach dem Zweiten Weltkrieg, indem die erzieherischen Tätigkeiten zunehmend professionalisiert wurden.

Im Zuge der Frauenbewegung der 70er-Jahre entwickelte sich das Selbstverständnis der Frauen dahingehend, dass Mütterlichkeit gesellschaftlich aufgewertet und mit weiteren Anforderungen versehen wurde. Erzieherinnen sollten nicht mehr nur die kindlichen Bedürfnisse erfüllen, sondern auch die Entwicklung der Kinder umfassend fördern. Entwicklungsförderung wurde nun zur zentralen Aufgabe der erzieherischen Arbeit.

Noch heutzutage begegnen Erzieherinnen der Auffassung, nur „bessere Mütter" zu sein und „spielend" ihr Geld zu verdienen. Sie werden noch immer auf typisch weibliche Aufgaben und Zuschreibungen reduziert, z. B. dass sie die ihnen anvertrauten Kinder durch ein hohes Maß an Einfühlungsvermögen glücklich und zufrieden machen sollten.

Nicht nur gesellschaftlich werden Erzieherinnen mit diesem Verständnis konfrontiert, sondern auch die Erzieherinnen selbst haben manchmal das Gefühl, keine „echte Arbeit" zu verrichten. In vielen Frauenberufen gefragte, angeblich typisch „weibliche" Tugenden wie Geduld, Bescheidenheit, das Zurückstellen eigener Interessen und die Aufopferung für andere Menschen können darüber hinaus ein geringes Selbstwertgefühl zur Folge haben.

Im Gegensatz zum Frauenbild vorangegangener Jahrzehnte ist Mutterschaft heutzutage nicht mehr der zentrale Bezugspunkt im Leben einer erwachsenen Frau. Sie ist vielmehr eine Aufgabe neben anderen, wie z. B. eine Berufsausbildung zu machen oder eine berufliche Karriere zu planen und durchzuführen.

Die hier beschriebenen veränderten gesellschaftlichen Gegebenheiten machen es für Erzieherinnen erforderlich, sich mit ihrem Selbstverständnis als Frau auseinanderzusetzen, um sich selbst, den gesellschaftlichen Erwartungen und den ihnen anvertrauten Kindern gerecht werden zu können (vgl. Rohrmann, 1998, S. 61 ff.).

> **Aufgaben**
>
> 1. Überlegen Sie im Gespräch mit einer Mitschülerin, inwieweit Ihre Berufswahl zur Erzieherin mit Ihrem eigenen Frau-Sein bzw. Mann-Sein zu tun hat.
>
>   Impulsfragen:
>   - An welchen Stellen haben Sie in Ihrer Vergangenheit Verantwortung für andere (Kinder) übernommen? Warum haben Sie es getan?
>   - Zu welchem Zeitpunkt haben Sie sich für den Beruf der Erzieherin entschieden?
>   - Welche Motive waren bei der Berufswahl ausschlaggebend?
>   - Hatten Sie positive Vorbilder als Erzieherin?
>
>   Schreiben Sie Ihr Ergebnis auf und tauschen Sie es im Plenum anschließend aus. Gibt es Gemeinsamkeiten und Unterschiede innerhalb Ihrer Lerngruppe?
>
> 2. Meinungsbild: „Sind Männer oder Frauen bessere Erzieher-/innen?"
>   Stellen Sie drei Menschen außerhalb der Schule (beispielsweise auf der Straße oder im Geschäft) folgende Fragen und halten Sie das Ergebnis stichpunktartig fest. Notieren Sie bitte auch das ungefähre Alter und das Geschlecht der befragten Person.
>   - Halten Sie Männer oder Frauen als geeigneter für den Beruf des Erziehers/der Erzieherin?
>   - Wie kommen Sie zu dieser Meinung (Begründung)?
>
>   Erörtern Sie anschließend Ihre Ergebnisse im Plenum. Gibt es ein gemeinsames Ergebnis der Befragung? Wo sind Gemeinsamkeiten? Wo Ausnahmen? Spielt das Alter oder Geschlecht dabei eine Rolle? Interpretieren Sie die Ergebnisse.

1.2.2 Weibliche Strukturen im Kindergartenalltag

Da in der Regel Frauen im Kindergarten tätig sind, ist die Institution „Kindergarten" weiblich geprägt.

Dies zeigt sich an der äußeren Gestaltung und der materiellen Ausstattung der Gruppenräume. So sind eine Puppenecke und eine Bauecke in der Regel obligatorische Funktionsecken in Gruppenräumen, während Technikecken und großzügige Bewegungsflächen selten zu finden sind. Raumgreifende, laute Aktivitäten werden oft auf den Flur oder nach draußen verlegt. Die Erzieherin selbst ist häufiger mit den Kindern am Basteltisch zu sehen als bei eher bewegungsorientierten Angeboten.

Die meisten Kindergartenräume sind „typisch weiblich" gestaltet und erinnern eher an bunte, überdekorierte Mädchenjugendzimmer als an Bildungs- und Experimentierräume für neugierige, wissenshungrige Kinder.

Auch die Inhalte der pädagogischen Angebote sind überwiegend „weiblich". So sind beispielsweise Singen und Basteln obligatorische Aktivitäten im Kindergartenalltag, während das Angebot von Ringkämpfen und Laubsägearbeiten eher eine Ausnahme ist. Viele Erzieherinnen freuen sich daher über männliche Praktikanten oder Zivildienstleistende, die „typisch männliche" Aktivitäten mit den Kindern durchführen.

Kindergartenräume sind soziale Räume, in denen Interaktionen stattfinden und permanentes Entdecken und Lernen stattfindet.
In einem nahezu ausschließlich weiblich geschlechtstypisch geprägtem Umfeld und diesbezüglichen Angeboten, haben Jungen und Mädchen allerdings nur eingeschränkt die Möglichkeit, all ihre Fähigkeiten und Interessen zu entdecken, auszuprobieren und zu erweitern.

Aufgaben in Kleingruppenarbeit

1. Wie viele Männer und wie viele Frauen arbeiten in einem Ihnen bekannten Kindergarten? Wie ist die Aufgabenverteilung? (z. B. Gruppenleitung, Köchin, Raumpflegerin, Zivildienstleister). Tauschen Sie Ihr Ergebnis in der Lerngruppe aus. Wo gibt es Gemeinsamkeiten? Wo Unterschiede? Stellen Sie die Ergebnisse in Ihrer Klasse vor und vergleichen sie diese.

2. Zeichnen Sie gemeinsam einen Ihnen bekannten Gruppenraum eines Kindergartens auf ein großes Plakat (kennzeichnen Sie dabei Funktionsecken, Materialangebot und Dekoration). Schreiben Sie den Gruppennamen dazu.

3. Wie würde ein Kindergarten gestaltet sein, wenn 95 % des Kindergartenpersonals männlich wären? Entwerfen Sie einen solchen Gruppenraum eines Kindergartens auf einem Plakat. Überlegen Sie sich auch einen Namen für die Gruppe.

4. Stellen Sie Ihre Plakate in der Klasse vor, indem sie alle Skizzen nebeneinander an die Wand hängen. Betrachten Sie die Bilder und klären Sie ggf. Verständnisfragen zu den Darstellungsweisen.

5. Vergleichen Sie die Ergebnisse und halten Sie fest, welche Unterschiede es zu einem von Frauen gestalteten Raum gibt. Wo sind beispielsweise Unterschiede in der Raumgestaltung? Im Materialangebot? Bei den Spielimpulsen? Bei den Bewegungs- und Handlungsmöglichkeiten der Kinder? Gibt es Unterschiede bei den Gruppennamen?

2 Sind geschlechtsspezifische Verhaltensweisen angeboren oder anerzogen?

In diesem Kapitel erwerben Sie folgende Kompetenzen:
- Grundwissen über Geschlechterdifferenz aus der Sicht der Biologie
- Grundwissen über die Relevanz des weiblichen und männlichen Hormonspiegels
- Grundwissen über die vorgeburtliche Entwicklung von Mädchen und Jungen
- Grundwissen über die unterschiedliche Gehirnphysiologie von Frauen und Männern
- Grundwissen über Intersexualität
- Grundwissen über Geschlechterdifferenz aus der Sicht der Sozialbiologie
- Grundwissen über Geschlechterdifferenz aus der Sicht der Soziologie
- Wissen über die Konstruktion von Geschlechterrollen und Geschlechterstereotype
- Kenntnisse über den Prozess des „Doing gender"
- Kenntnisse über den Zusammenhang von Doing gender und Lebensplanungen von Mädchen und Jungen

Ob die unterschiedlichen Verhaltensweisen von Jungen/Männern und Mädchen/Frauen naturgegeben oder anerzogen sind, darüber streiten sich die Experten schon lange. Während Sozialtheoretiker der Meinung sind, dass typisch männliche und weibliche Verhaltensweisen, Fähigkeiten und Vorlieben durch den Sozialisationsprozess erworben werden und Biologen die Ansicht vertreten, dass das geschlechtstypische Verhalten durch die Chromosomen, Hormone und Gehirnstrukturen bestimmt wird, liegt die Wahrheit vermutlich dazwischen. Zahlreiche Forschungsexperimente legen den Schluss nahe, dass das Geschlecht angeboren ist und zum anderen von der ersten Lebenssekunde bereits Umwelteinflüsse auf ein Neugeborenes einwirken.

Sicher ist: Biologische Grundausstattung und gesellschaftliche Einflüsse wirken immer zusammen!

2.1 Der biologische Erklärungsansatz zur Geschlechterdifferenz

Biologische Ansätze konzentrieren sich bei der Erklärung der Geschlechterdifferenz auf den Einfluss von Chromosomen, Hormonen und spezifisch weiblichen und männlichen Gehirnstrukturen. Sie versuchen herauszufinden, ob diese Faktoren neben dem rein körperlichen (phänotypischen) Unterschied auch für geschlechtsspezifische Persönlichkeits- und Verhaltensmerkmale ausschlaggebend sind. Im Mittelpunkt der Untersuchungen stehen die Unterschiede zwischen Männern und Frauen auf der Verhaltensebene, wie etwa aggressives Verhalten, oder auf der kognitiven Ebene, wie beispielsweise verbale und räumliche Fähigkeiten.

Sämtliche biologischen Erklärungsansätze machen für die Geschlechtsunterschiede das Y-Chromosom bzw. in der spezifischen Höhe der Hormonmengen von Androgenen und Östrogenen, denen der Fötus im Mutterleib ausgesetzt ist, verantwortlich.

2.1.1 Vorgeburtliche Geschlechtsentwicklung

Bei dem Prozess der Befruchtung trifft der Samen des Mannes auf die Eizelle der Frau und das daraus entstehende Lebewesen entwickelt sich zunächst bis zur siebten Schwangerschaftswoche in die weibliche Richtung. (Deshalb besitzen auch Männer beispielsweise weibliche Attribute wie Brustwarzen.)

In der Regel haben Menschen einen „genetischen Bauplan" von 46 Chromosomen[1]. Davon stammen 23 Chromosomen von der Mutter und 23 vom Vater. Wenn das 23. Chromosom vom Vater und der Mutter eine X-Form hat, dann erhält der Fötus den Bauplan „XX", und es entwickelt sich ein weiblicher Fötus. Aus einem XY-Chromosomenpaar entwickelt sich ein männlicher Fötus.

---

[1] *Chromosomen (griech. „Farbkörper"): Strukturen, die Gene und damit Erbinformationen enthalten. Das Y-Chromosom ist dabei ein Geschlechtschromosom und bewirkt im Mutterleib beim Fötus die Ausbildung des männlichen Phänotyps.*

Ab der siebten Schwangerschaftswoche stellt ein bestimmtes Gen bei einem Fötus mit Y-Chromosom ein bestimmtes Protein her, welches wiederum viele andere Gene aktiviert und dadurch die Ausprägung des männlichen Geschlechts (der Hoden) in Gang setzt. Diese produzieren dann das männliche Hormon Testosteron, welches die Ausbildung der weiteren männlichen Geschlechtsmerkmale bewirkt und auch das Gehirn des Fötus beeinflusst.

> *Für den rein biologischen Unterschied zwischen männlichen und weiblichen Lebewesen ist das Y-Chromosom verantwortlich bzw. die dadurch ausgeschütteten Hormone.*

Die vorgeburtliche Entwicklung von Mädchen und Jungen ist von extremen Veränderungen geprägt, wobei der männliche Embryo anfälliger für Störungen ist:

- Mädchen haben bei der Geburt einen körperlichen Entwicklungsvorsprung gegenüber den Jungen von zwei bis drei Wochen, vom Skelettalter her sogar vier bis sechs Wochen.
- Bereits vor der Geburt sterben mehr männliche Embryonen als weibliche. In allen Altersgruppen liegt die Sterberate von Jungen und Männern höher als die von Mädchen und Frauen.
- Von Krankheiten sind Jungen und Männer durch ihren genetischen Bauplan stärker betroffen, denn jedes Chromosom (X und Y) ist nur einmal vorhanden und ein defektes X-Chromosom kann nicht repariert werden.
- Jungen sind statistisch häufiger von Krankheiten und Behinderungen betroffen.

(vgl. Schnack/Neutzling, 1995, S. 101 ff.)

Bis auf die äußeren Geschlechtsmerkmale sind keine körperlichen Unterschiede zwischen Jungen und Mädchen erkennbar. Der nächste extreme Hormonschub erfolgt in der Pubertät. Erst dann werden die weiteren biologischen Unterschiede stärker sichtbar (wie beispielsweise der Stimmbruch des männlichen Jugendlichen oder die Ausprägung der weiblichen Brüste).

2.1.2 Männliche und weibliche Gehirnstrukturen

Die Hormone, welchen männliche und weibliche Föten im Mutterleib ausgesetzt sind, haben einen Einfluss auf die Gehirnstruktur und -funktionen. Bestimmend dafür sind die Hormonmengen von Androgenen und Östrogenen.

So ist das männliche Gehirn etwa im Durchschnitt 10 % größer als das weibliche. Das bedeutet jedoch nicht, dass Männer deshalb von Natur aus „schlauer" sind, denn bei Tests des Intelligenzquotienten schneiden Männer und Frauen gleich ab.

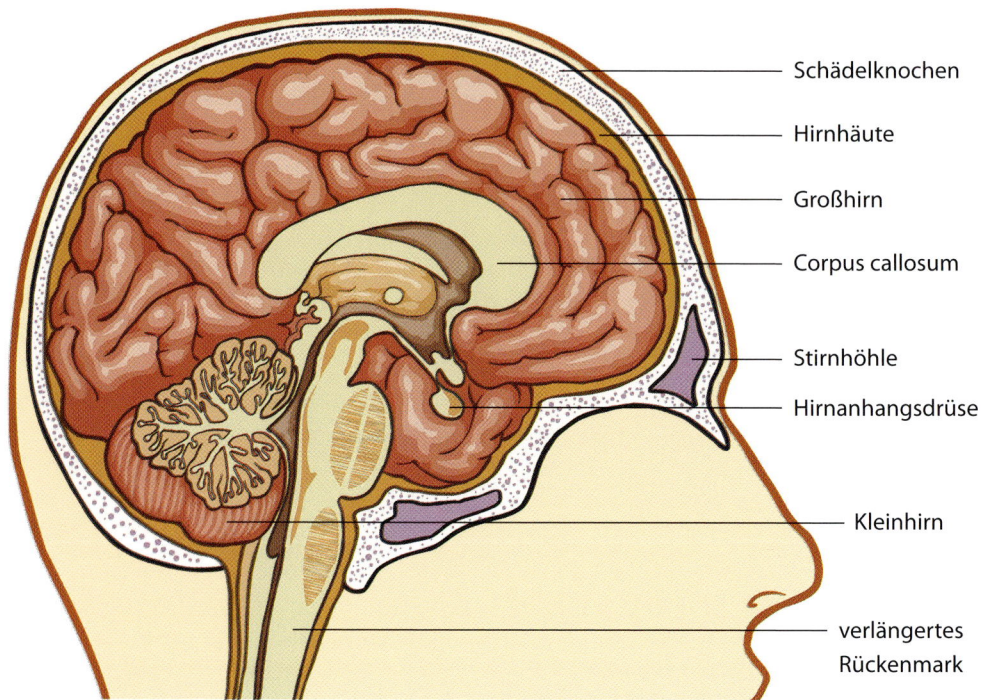

Aufbau des menschlichen Gehirns

Ein weiterer Unterschied liegt in der Funktionsweise von männlichen und weiblichen Gehirnen. In einem menschlichen Gehirn gibt es verschiedene Regionen, die unterschiedliche Aufgaben bewältigen. Für die gleiche Aufgabenstellung nutzen Männer andere Regionen als Frauen. Die rechte und die linke Hirnhälfte sind durch einen Balken, den Corpus callosum verbunden (siehe Abbildung). Dieses Nervenbündel ermöglicht den Austausch von Informationen zwischen der linken und rechten Gehirnhälfte. Bei Frauen ist dieser Balken größer und breiter ausgeprägt als bei Männern, sodass davon ausgegangen werden kann, dass die Hirnhälften effektiver vernetzt sind. Es wird angenommen, dass Frauen deshalb besser in der Lage wären, viele verschiedene Aktivitäten auf einmal auszuführen, wie beispielsweise beim Radio hören mit einem Bekannten telefonieren und nebenbei Abendessen kochen (parallele Verarbeitung). In einem männlichen Gehirn hingegen ist weitgehend eine Gehirnregion aktiv, weshalb Männer es anscheinend bevorzugen, eine Aktivität nach der anderen abzuleisten (serielle Verarbeitung). So wäre es denkbar, dass ein Mann das Radio leiser stellt und die Herdplatte ausmacht, wenn das Telefon klingelt und er sich dem Telefonsgespräch zuwendet.

Auch der Zeitpunkt der Reifung beider Gehirnhälften ist bei Jungen und Mädchen unterschiedlich. Die linke Gehirnhälfte, in der sich beispielsweise die Region findet, die für Sprache zuständig ist, entwickelt sich bei Mädchen früher als bei Jungen. Die rechte Gehirnhälfte, die beispielsweise für die Lösung räumlich-visueller Aufgaben zuständig ist, reift hingegen bei Jungen früher. In der Regel wird aber auf diese unterschiedlichen Reifungsgerade im Bildungsprozess von Kindern keine Rücksicht genommen, denn Jungen und

Mädchen sollen im selben Alter dieselben Fertigkeiten lernen – obwohl ihr Gehirn unter Umständen noch gar nicht dafür entwickelt ist. Wird diese Tatsache ignoriert, so kann dies zur Folge haben, dass Mädchen besonders „gut" sprechen und in Schulfächern wie Deutsch oder Englisch hervorragende Leistungen erbringen. Jungen werden eher sehr gute Leistungen in Mathematik oder Physik aufweisen, während sie jedoch Schwierigkeiten mit dem Lesen und Schreiben haben. Diese Erfolgs- und Misserfolgserlebnisse bringen im schlimmsten Falle lebenslange Abneigungen gegen bestimmte Schulfächer und spezifische Tätigkeiten mit sich, was wiederum bedeutet, dass Jungen und Männern bzw. Mädchen und Frauen vielfältige Erfahrungen verwehrt bleiben.

> *Letztlich sind die biologischen Unterschiede als „Startausstattung" zu betrachten. Das menschliche Gehirn hat die Fähigkeit, sich zu verändern! Training kann die Gehirnleistungen steigern. Die Gehirnstrukturen verändern sich dann auf dem trainierten Gebiet. Hört man jedoch mit dem Training wieder auf, bilden sich die neu geschaffenen neuronalen Verknüpfungen wieder zurück.*

„Frauen können nicht räumlich denken!
FALSCH: Zahlreiche Untersuchungen belegen, dass Frauen sehr wohl dazu in der Lage sind, räumlich zu denken. Sie bevorzugen jedoch tendenziell andere „Denkstrategien". Kognitionspsychologische Experimente zeigen z. B. mithilfe sogenannter „Mental Rotation Tasks"[1], dass Männer Aufgaben zur räumlichen Wahrnehmung im Durchschnitt erfolgreicher lösen als Frauen. Neurowissenschaftliche Untersuchungen mit bildgebenden Verfahren zeigen, dass Frauen und Männer sowohl gleiche als auch verschiedene Hirnregionen zur Lösung von Aufgaben zum räumlichen Denken nutzen. Auch die sogenannten „Geschlechterrollen-Stereotype" in unseren Köpfen prägen unsere Leistungen. Allein der Glaube, dass Frauen angeblich nicht räumlich denken können (oder Männer schlechte sprachliche Leistungen aufweisen), beeinflusst die Testergebnisse von Männern und Frauen in positiver oder negativer Weise. (…)

Männer können nicht reden und nicht zuhören!
FALSCH: Ähnlich wie bei den graduell unterschiedlichen Fähigkeiten im räumlichen Denkvermögen unterscheiden sich Männer und Frauen nicht prinzipiell in ihrer verbalen Intelligenz. Einige Tests zur sogenannten „Wort-flüssigkeit" bescheinigen Frauen, dass sie in einer Minute

---

[1] Bei diesen Aufgaben werden Objekte aus verschiedenen Perspektiven präsentiert und die Testpersonen müssen entscheiden, ob die Objekte die gleiche Form haben.

mehr Wörter mit einem bestimmten Anfangsbuchstaben nennen können als Männer – es gibt jedoch auch Untersuchungen, in denen diese Unterschiede nicht gefunden wurden. Außerdem zeigen einige Studien, dass Frauen im Schnitt ein besseres verbales Gedächtnis haben, sich also Worte besser als Männer merken, insbesondere dann, wenn diese frei wiedergegeben werden müssen. Beim einfachen Wiedererkennen gelernter Worte gibt es keinen Geschlechtsunterschied."
(Jordan/Quaiser-Pohl, 2007, S. 84 f.)

> **Aufgabe**
>
> Welche Konsequenzen für die Förderung spezifischer Fähigkeiten und Fertigkeiten im Kindergarten sollten aus den unterschiedlichen Reifegraden des Gehirns von Mädchen und Jungen gezogen werden?
> Beispiele: Mit Jungen sollte sehr viel gesprochen werden, damit die Entwicklung des Sprachzentrums gefördert wird. Mit Mädchen sollten viele Türme gebaut werden, damit das räumlich-visuelle Denken gefördert wird.

2.1.3 Weder XX noch XY: Intersexualität

Nicht alle Menschen kommen mit einem eindeutigen genetischen Bauplan für „weiblich", also mit XX-Chromosomen oder für „männlich", also mit XY-Chromosomen, zur Welt. Ungefähr jedes 2.000 Kind wird sowohl mit männlichen als auch mit weiblichen Geschlechtsmerkmalen ausgestattet geboren. Diese Kinder werden als „intersexuell" bezeichnet.

Intersexualität ist ein (biologischer) Sammelbegriff für die unzähligen Abstufungen, die (normativ betrachtet) zwischen „eindeutig männlich" und „eindeutig weiblich" liegen. So kann es (chromosomal betrachtet) zum Beispiel auch einen Menschen mit einem genetischen XXX- oder XXY- oder auch XX0-Bauplan geben.

Intersexualität ist nicht immer schon direkt nach der Geburt sichtbar. Manchmal treten erst in der Pubertät irritierende Anzeichen auf, wenn etwa ein Junge durch den Penis menstruiert oder die Gynäkologin bei einer ersten Ultraschalluntersuchung eines Mädchens feststellt, dass das Mädchen keine Eierstöcke hat. In einigen Fällen wird Intersexualität sogar nie äußerlich erkennbar. Dann weichen das männliche oder weibliche Erscheinungsbild des Menschen und sein genetisches Geschlecht eindeutig voneinander ab.

Beispiel: Bei den Olympischen Spielen im Jahr 1988 erfuhr die spanische Hürdenläuferin Maria Patino bei einem Geschlechtstest vor Wettkampfbeginn, dass sie chromosomal männlich ist. Dieser Test begründete das Ende ihrer Karriere als Sportlerin.

Biologische und soziale Zwischenformen geschlechtlicher Existenzweisen sind in einer Kultur der strikten Zweigeschlechtlichkeit nicht vorgesehen. Für Eltern ist es oft schockierend, kein eindeutig männliches oder weibliches Baby zu haben. Deshalb werden intersexuelle Babys oft schon sehr früh durch einen chirurgischen Eingriff und die Verabreichung von Hormonen zu eindeutigen Mädchen oder Jungen transformiert. Meist werden die Babys zu Mädchen umoperiert, da dieser chirurgische Eingriff weniger kompliziert ist.

Mittlerweile setzt sich gegen die Zwangszuweisung in die Kategorien „weiblich" oder „männlich" ein Widerstand durch und Intersexuelle dürfen dem vielfachen Wunsch entsprechend geschlechtlich „uneindeutig" bleiben. Einige Menschen lassen sich zu einem späteren Zeitpunkt zur „eindeutigen Frau" oder zum „eindeutigen Mann" umoperieren, wenn sie entschieden haben, welcher Geschlechterkategorie sie angehören möchten (vgl. PM Perspektive 3/2003, S. 26 und GEO WISSEN, Nr. 26, S. 192 ff.).

Tipp

Film: „XXY" von Lucia Puenzo, 2007. Der Spielfilm porträtiert einen 15-jährigen intersexuellen Jugendlichen.

2.2 Der sozialbiologische Erklärungsansatz zur Geschlechterdifferenz

Sozialbiologische Erklärungsansätze deuten die Geschlechtsunterschiede als Ergebnisse ökologischer Anpassungsprozesse des Menschen im Verlauf seiner evolutionären Entwicklung.
So mussten sich Männer und Frauen seit ihrer Organisation in Jäger- und Sammlergesellschaften unterschiedlich ausrichten, um ihr eigenes Überleben und das der Gruppe zu sichern. Unterschiede im männlichen und weiblichen Verhalten erklären sich bei diesem Ansatz durch die verschiedenen Arten der Fortpflanzung von Männern und Frauen sowie durch ihre unterschiedliche Bindung an ihren Nachwuchs.
Hierzu gehören auch die Reproduktionsdauer (die lange Schwangerschaft und die Stillzeit bei Frauen und die Fähigkeit der Männer, viele Nachkommen zu zeugen), das unterschiedliche Paarungs- und Aufzuchtverhalten sowie die unterschiedlichen Chancen bei der Partnerwahl, der Partnerbindung und der unterschiedliche Umgang mit Geschlechtsgenossen.

„Als Ergebnis dieser unterschiedlichen reproduktiven Ausgangs- und Anpassungsbedingungen sollten sich im Laufe der Evolution – abgestimmt auf die unterschiedlichen Anpassungsbedingungen – unterschiedliche Lernbereitschaften von Männern und Frauen herausgebildet haben."
(Trautner, 2002, S. 667)

Dieser Ansatz erklärt also, warum es sich für Männer lohnt, Frauen gegenüber stürmisch und unbeständig zu sein, denn auf diese Weise können sie zahlreiche Nachkommen zeugen. Folgt man dem sozialbiologischen Ansatz, so prüfen Frauen Männer genauer hinsichtlich ihrer Qualitäten als potenzielle Familienernährer und -väter.

Die Lebensbedingungen änderten sich jedoch im Laufe der Jahrtausende und die Menschen mussten sich ihrer Umwelt anpassen. Ein in der Frühgeschichte der Menschheit sinnvolles Verhalten muss heutzutage nicht mehr unbedingt relevant sein. Es darf daher infrage gestellt und den geänderten Lebensbedingungen des modernen Menschen angepasst werden.

2.3 Der sozialtheoretische Erklärungsansatz zur Geschlechterdifferenz

2.3.1 Begriffsklärung „Geschlecht": Sex und Gender

Der Meinung, dass Interessen, Fähigkeiten und Fertigkeiten der Menschen und ihre gesellschaftlichen Aufgabenbereiche durch das biologische Geschlecht (weiblich oder männlich) natürlicherweise vorgegeben werden, hat die Frauen- und Geschlechterforschung Ende der 70er-Jahre das Konzept der sozialen Konstruktion des Geschlechts entgegengesetzt.

Dabei wird grundlegend zwischen den Begriffen „Sex" und „Gender" unterschieden. Da in der deutschen Sprache nur ein Begriff für „Geschlecht" vorliegt, wird hier auf die englische Sprache zurückgegriffen.

Mit dem Begriff „Sex" ist ausschließlich das **biologische Geschlecht** des Menschen (weiblich oder männlich) gemeint. Es bezeichnet also die körperlichen Geschlechtsmerkmale und die sich daraus ergebenden körperlichen Funktionen des Menschen.

Der Begriff „Gender" beschreibt das **soziale Geschlecht**, also die Geschlechterrolle bzw. die sozialen Geschlechtsmerkmale. Dieses ist abhängig von der jeweiligen Kultur und Gesellschaft, denn „Gender" bezeichnet das, was in der jeweiligen Kultur als typisch weiblich/männlich betrachtet wird, wie etwa geschlechtstypische Kleidung, Berufswahl oder Interessen.

Geschlecht = Sex + Gender

Sex = biologisches Geschlecht

Gender = soziales Geschlecht

2.3.2 Geschlechterrollen

Das soziale Geschlecht (Gender) verfestigt sich in bestimmten Bildern von „richtigen Jungen und Männern" bzw. „richtigen Mädchen und Frauen". Diesem Bild mit den entsprechenden männlichen bzw. weiblichen Eigenschaften und Verhaltensweisen gilt es zu entsprechen. Man bezeichnet dies als **Geschlechterrolle**, die jeder Mensch übernehmen muss, um nicht mit sich und anderen in einen Konflikt zu geraten.

Die Geschlechterrollen sind konstruiert, also nicht naturgegeben. So ist beispielsweise biologisch festgelegt, dass die Frau das Kind austrägt und gebärt. Dass sie das Kind jedoch auch aufzieht, ist nicht biologisch festgelegt. Das kann auch der Vater leisten.

Die Konstruktion von Geschlechterrollen wird weiterhin deutlich, wenn man einen Blick in den Wandel der Geschlechterrollen der letzten Jahrhunderte wirft. Eine im 19. Jahrhundert geborene Frau musste sicherlich eine andere Rolle erfüllen, um dem Weiblichkeitsbild zu entsprechen, als eine moderne Frau in einer Industrienation. Und auch ein Mann wäre im 19. Jahrhundert als Mann nicht akzeptiert gewesen, wenn er als Hausmann bei den Kindern geblieben wäre, während seine Frau als Ingenieurin erwerbstätig gewesen wäre. Heutzutage wäre dies innerhalb der Geschlechterrollen jedoch weitergehend akzeptiert.

Auch ein Blick in andere Kulturen belegt, dass Geschlechterrollen konstruiert sind. So hat sich eine Frau eines Indianerstammes am Amazonas anders zu verhalten, um ihrer Geschlechterrolle zu entsprechen, als eine Frau mitten in New York.

> *Die Ausgestaltung der sozialen Geschlechterrolle („Gender") ist immer durch die jeweilige Zeitepoche, die Kultur, Religionszugehörigkeit, ethnische Zugehörigkeit, soziale Schicht und auch die politischen und ökonomischen Rahmenbedingungen, in denen ein Mensch aufwächst, mitbestimmt.*

Vergessen sollte man bei der Beschäftigung mit den vorherrschenden Geschlechterrollen nie, dass alles, was man konstruieren kann auch wieder zu de-konstruieren ist.

Mittlerweile – im 21. Jahrhundert – bestehen mehr Spielräume bei der Ausgestaltung von Geschlechterrollen. Beispielsweise arbeiten heute auch Männer als Erzieher oder in der Krankenpflege und Frauen entscheiden sich bei der Berufswahl für von Männern dominierte Berufsgruppen.

Die Aufweichung der Rollenbilder birgt ein hohes Maß an Herausforderung, die ganz subjektive Geschlechterrolle für sich zu finden. Für Erzieherinnen ist es daher eine verantwortungsvolle Aufgabe, den Jungen und Mädchen in der Gruppe vielfältige Rollenbilder für Männlichkeit und Weiblichkeit anzubieten.

2.3.3 Doing gender – Geschlecht wird gemacht

Das soziale Geschlecht kann nur im Zusammenhang mit anderen Menschen, mit Kommunikation und Interaktionen gesehen und verstanden werden. Dieser Prozess wird „Doing gender" genannt – denn Geschlecht wird „gemacht"!

Doing gender beschreibt, wie Menschen sich ihr Geschlecht durch eigenaktive Darstellungsleistungen in allen sozialen Situationen geschlechtstypisch aneignen und festigen. Unmissverständlich zeigt jeder Mensch permanent, welcher Geschlechterkategorie er angehört. Die Geschlechtszugehörigkeit findet stets einen Ausdruck.

> *Beispiele:*
>
> *Ein Mann geht zum Regal mit Herrenschuhen, um sich Schuhe zu kaufen.*
>
> *Ein Mädchen bekommt von einer entfernten Verwandten eher bunte, mit Häschen bedruckte Bettwäsche geschenkt als dunkelblaue Bettwäsche mit Kränen drauf.*
>
> *Ein Mann geht nicht zu einem Damenfriseur.*
>
> *Eine Balletttänzerin tanzt auf der Bühne mit einem Rock bekleidet. Der Balletttänzer trägt eine Hose.*
>
> *Im Schwimmbad geht ein Mann in die Umkleidekabine für Männer und Frauen gehen in die Umkleidekabine für Frauen.*

Wären einige der hier genannten Aktionen vom jeweils andern Geschlecht ausgeführt worden, dann würde dies Irritation, Belustigung, Befremden oder sogar Widerwillen auslösen. Das zeigt, wie stark die Vorgaben für die Geschlechterrollen eingehalten werden müssen, um nicht in einen Konflikt zu geraten. Auch die Mitmenschen sind ständig damit beschäftigt, das Geschlecht des Gegenübers eindeutig zu kategorisieren. Die meisten Menschen sind sicherlich verunsichert, wenn sie an der Käsetheke von einer Verkaufskraft bedient werden, bei der nicht zu identifizieren ist, ob es sich um ein weibliches oder männliches Wesen handelt. Manche Menschen kennen auch die Situation, dass sie schon einmal „falsch" identifiziert wurden und z. B. als Frau für einen Mann gehalten wurden. Dies bringt unangenehme Gefühle mit sich. Bereits bei Kindern ab dem ersten Lebensjahr löst eine falsche Geschlechterbenennung peinliche Gefühle aus.

> *Täglich und permanent sind wir damit beschäftigt, uns als eindeutig männlich oder weiblich zu präsentieren und unser Gegenüber als eindeutig männlich oder weiblich zu identifizieren. Da dieser Darstellungsprozess in allen Interaktionen des sozialen Lebens stattfindet, ist Doing gender auch ein Bestandteil des Kindergartenalltags.*

Durch den permanenten Prozess des Doing gender entsteht der Eindruck, dass typisch männliche und weibliche Verhaltensweisen naturgegeben sind. Sie werden immer wieder erzeugt, unbewusst generalisiert und abschließend als naturgegeben interpretiert. Prinzipiell gibt es an sich keine weiblichen und männlichen sozialen Fähigkeiten, sondern diese werden lediglich mit „männlich" und „weiblich" assoziiert, also dem jeweiligen Geschlecht zugeschrieben und im Laufe der geschlechtsspezifischen Sozialisation verinnerlicht.

Jungen und Mädchen beobachten schon früh, wie sie sich als „richtige" Mädchen oder „richtige" Jungen zu verhalten haben. Sie orientieren sich an den Geschlechterrollen, die ihnen geboten werden und ahmen sie nach. So werden im Laufe des Aufwachsens die Geschlechterrollen durch die permanenten Doing-gender-Prozesse zu einem Bestandteil der Identität einverleibt.

Auch im Kindergarten gibt die Erzieherin durch diese permanenten Doing-gender-Prozesse Geschlechterstereotypen weiter. Dies läuft in der Regel unbewusst ab, denn im Alltagsstress des Gruppengeschehens ist es kaum möglich, jede Interaktion bewusst zu analysieren und zu reflektieren. Somit kann es passieren, dass die Erzieherin in einer hektischen Aufräumsituation ruft „Die Jungen können auch ruhig mal beim Aufräumen helfen!" In diesem Beispiel findet bereits eine Generalisierung statt. Sie unterstellt, dass alle Jungen nicht beim Aufräumen helfen, während alle Mädchen aufräumen.

Der Prozess des Doing gender

1. **Identifizierung**
   Das Gegenüber wird als männlich oder weiblich wahrgenommen.

2. **Stereotypisierung**
   Jedes Verhalten des Gegenübers wird auf dem Hintergrund des zu ihm gehörenden Geschlechterklischees interpretiert.

3. **Kontextualisierung**
   Das Verhalten des Gegenübers, welches aufgrund seines Geschlechts erwartet wird, wird entsprechend der geschlechtlichen Kontextzuordnung eingefärbt.

4. **Generalisierung**
   Das bereits erwartete geschlechtsspezifische Verhalten des Gegenübers wird als Norm gesehen und damit generalisiert.

(vgl. Rabe-Kleberg, 2003, S. 68 ff.)

Aufgaben

1. Stellen Sie sich vor, ein Außerirdischer kommt auf die Erde. Er wundert sich über die verschiedenen Verhaltensformen von Männern und Frauen. Bitte schreiben Sie dem unwissenden Außerirdischen einen kurzen Text, in dem Sie ihm die Bedeutung der Begriffe „Sex", „Gender" und „Doing gender" erklären.

2. Erläutern Sie dem Außerirdischen den Prozess des Doing gender anhand einer Alltagssituation.

3. Schreiben Sie zu jedem der Anfangsbuchstaben ein Wort auf ein separates Blatt, das Sie mit dem Begriff „Gender" assoziieren.

   G.....................................
   E.....................................
   N.....................................
   D.....................................
   E.....................................
   R.....................................

4. Schreiben Sie einen Satz mit dem jeweiligen Anfangsbuchstaben auf ein separates Blatt, der Ihnen spontan zu dem Prozess des „Doing gender" einfällt.

   D...
   O...
   I..
   N...
   G...
   G...
   E...
   N...
   D...
   E...
   R...

5. Wie ist der Satz „Wenn ein Junge und Mädchen dasselbe tun, ist es noch lange nicht das Gleiche" zu erklären? Veranschaulichen Sie Ihre Erläuterung durch Beobachtungen aus Ihrem Alltagsleben und aus dem Umgang mit Kindern.

 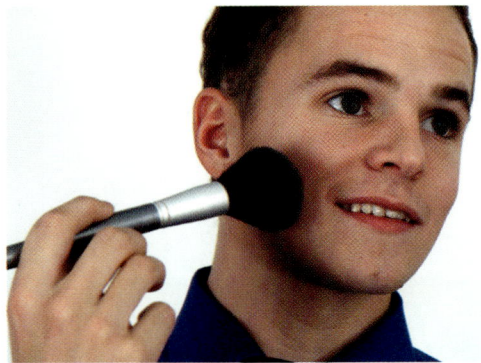

Wenn Mann und Frau dasselbe tun, ist es noch lange nicht das Gleiche.

2.3.4 Vertiefung: Doing gender durch Körpersprache

Inwieweit Geschlechterrollen durch die Doing-gender-Prozesse (und das im wahrsten Sinne des Wortes) einverleibt werden und sich im Laufe der Sozialisation so verfestigen, dass sie wie naturgegeben wirken, zeigt sich besonders deutlich an der Darstellung von Männern und Frauen in Zeitschriften.

Die körpersprachliche Ausdrucks- und Inszenierungsweise von Männern und Frauen in weitverbreiteten Zeitschriften, Werbebeilagen oder Versandhauskatalogen spiegelt das Rollenbild wider, welches gesellschaftlich von Frauen und Männern erwartet wird.

Durch die Körpersprache bringt jeder Mensch im Alltag sein Geschlecht permanent zum Ausdruck. Körpersprache hat beim Doing gender eine bedeutende Rolle, denn sie wirkt in allen direkten Kommunikationen und Interaktionen. Der Körper ist ein wichtiges Ausdrucksmittel der Kommunikation, denn der Körper „spricht" ohne Unterbrechung. Die Körpersprache geschieht unreflektiert und unbewusst.

Ca. 70 % aller sozialen Informationen werden durch den Körper ausgedrückt. Durch Körpersprache wird schnell deutlich, ob unser Gegenüber gerne mit uns redet oder uns ablehnend gegenübersteht. Wenn wir verbal sprechen, dann wird die Körpersprache beim Gegenüber direkter, schneller und überzeugender aufgenommen. Wenn beispielsweise ein Mensch verbal durch ein gesprochenes „Ja!" seine Zustimmung äußert, jedoch gleichzeitig körpersprachlich das Gegenteil ausdrückt, etwa durch eine verschränkte Armhaltung und ein verneinendes Schütteln des Kopfes, so werden diese Botschaften überzeugender als das gesprochene Wort bewertet. Die Worte des Gegenübers werden ihm nicht ohne Weiteres geglaubt.

Die Selbstdarstellung eines Mannes: Ein fester Stand verkörpert Selbstsicherheit und Unabhängigkeit

Die Selbstdarstellung einer Frau: Eine verbogene, abgeknickte, schräge Haltung verkörpert Unsicherheit, Zerbrechlichkeit und Hilfsbedürftigkeit

Männer verkörpern durch körperliche Inszenierungen Unabhängigkeit und Selbstbewusstsein oder auch Lässigkeit, während Frauen körpersprachlich unsicher, zerbrechlich und oft hilfebedürftig dargestellt werden (vgl. Mühlen-Achs, 2008, S. 43).

> **Aufgabe**
>
> Nehmen Sie bewusst eine „weibliche Körperhaltung" ein, so wie sie oftmals in Zeitschriften präsentiert wird:
> - Verlagern Sie Ihr Gewicht auf ein Bein.
> - Knicken Sie Ihren Körper ab.
> - Legen Sie Ihren Kopf etwas schief.
>
> Nehmen Sie nun bewusst eine „männliche Körperhaltung" ein:
> - Stellen Sie Ihre Füße hüftbreit oder etwas breiter auf.
> - Verteilen Sie Ihr Körpergewicht auf beide Füße.
> - Lassen Sie die Schultern sinken und die Arme locker neben dem Körper hängen.
>
> Vergleichen Sie die beiden Körperhaltungen. Wie haben Sie sich in der männlichen und in der weiblichen Pose gefühlt? Welche Unterschiede haben Sie wahrgenommen? Welche Haltungen waren Ihnen vertraut oder fremd? In welcher Haltung fühlten Sie sich besser? Warum fühlten Sie sich in dieser Haltung besser?

(vgl. Mühlen-Achs, 2008, S. 127 ff.)

Analog zur männlichen und weiblichen Inszenierung in stehender Position, gilt Gleiches auch für die Pose des Sitzens: Männer werden sicher sitzend und somit selbstsicher dargestellt, während Frauen eher unsicher sitzen und eher schüchtern und hilflos wirken.

In der Sitzposition wird deutlich, dass Männer sehr raumeinnehmend, Frauen dagegen wenig raumeinnehmend dargestellt werden. So sitzen Männer beispielsweise oft breitbeinig und auf der ganzen Sitzfläche eines Stuhls, während Frauen oft x-beinig oder mit übereinandergeschlagenen Beinen nur auf einer Kante oder einem kleinen Teil der Stuhlsitzfläche Platz nehmen.

Ein Mann verkörpert Selbstsicherheit, indem er beim Sitzen viel Raum einnimmt, was beispielsweise durch die geöffneten Beine deutlich wird.

Eine Frau verkörpert geringe Selbstsicherheit, indem sie beim Sitzen wenig Raum einnimmt, was beispielsweise durch die verschlungene Beinhaltung deutlich wird.

Während Frauen in Zeitschriften manchmal in männlichen Posen zu finden sind, so ist dies umgekehrt sehr selten der Fall. Frauen haben die Möglichkeit, sich in Form männlicher und weiblicher Körpersprache zu inszenieren, ohne dass sie als „unweiblich" gelten. Männer haben diese Wahl scheinbar nicht, ohne dass ihnen ihre Männlichkeit abgesprochen wird (vgl. Irmler, 2008, S. 10).

Die bewusste Inszenierung männlicher und weiblicher Körperhaltungen wird in „Flirtkursen" und „Coachings" sogar gezielt trainiert, um auf das andere Geschlecht attraktiv zu wirken. So werden Mimik, Gestik und Körpersprache von Männern und Frauen analysiert, um diese geschlechterstereotopisch zu verfeinern (vgl. Stricker, 2008, S. 28 ff.).

Aufgaben

1. Setzen Sie sich auf Ihren Stuhl in „weiblicher Pose":
   - Nehmen Sie möglichst wenig Platz auf der Stuhlfläche ein.
   - Pressen Sie die Oberschenkel und Knie fest zusammen.
   - Heben Sie die Füße leicht vom Boden.
   - Legen Sie Ihre Hände in den Schoß.

   Setzen Sie sich auf Ihren Stuhl in „männlicher Pose":
   - Verteilen Sie Ihr Gewicht auf der Sitzfläche des Stuhls.
   - Stützen Sie Ihren Rücken leicht an der Lehne ab.
   - Entspannen Sie Ihre Oberschenkel.
   - Lassen Sie die Knie auseinanderfallen.
   - Stellen Sie beide Füße fest auf den Boden.
   - Legen Sie die Hände auf die Oberschenkel.

   Vergleichen Sie beide Sitzhaltungen. Wie haben Sie sich in der männlichen bzw. in der weiblichen Pose gefühlt? Welche Unterschiede haben Sie wahrgenommen? Welche Haltung war Ihnen vertraut oder fremd? In welcher Haltung fühlten Sie sich besser? Warum fühlten Sie sich in dieser Haltung besser?

2. Vergleichen Sie männliche und weibliche Sitzhaltungen bei Ihrem nächsten Besuch in einem Cafe. Welche Beobachtungen können Sie machen?

3. Überprüfen Sie die in diesem Kapitel gemachten Aussagen an der Realität der Zeitschriften, Werbeprospekte und Versandhauskataloge. Schneiden Sie Bilder von Männern und Frauen aus und entwerfen Sie eine Collage zum Thema „Gender – Geschlecht wird gemacht".

(vgl. Mühlen-Achs, 2008, S. 127 ff.)

2.3.5 Geschlechterstereotype

Obwohl das Geschlecht ein individuelles Merkmal eines jeden Menschen ist, wird der Mensch als Mitglied der sozialen Kategorie „männlich" oder „weiblich" betrachtet. Je nach Geschlechterkategorie werden geschlechtspezifische Erwartungen über die Verhaltensweisen und Eigenschaften an den Menschen herangetragen (Geschlechterrolle). Diese ergeben sich aus bestehenden Vorurteilen und werden **Stereotype** genannt.

> *Ein Stereotyp ist ein „eingebürgertes Vorurteil mit festen Vorstellungsklischees innerhalb einer Gruppe".*

(DUDEN. Das Fremdwörterbuch 2001, S. 948)

Stereotype eignet sich jeder Mensch im Laufe seiner Sozialisation an, um eine Orientierung zu haben und sich in alltäglichen Situationen besser zurechtzufinden. Stereotype erzeugen durch gesellschaftliche Klischees vereinfachte Bilder im Menschen.

Erzieherinnen sind oftmals davon überzeugt, dass sie weder Jungen noch Mädchen benachteiligen oder bevorzugen. Dieses scheint auch zunächst so, denn Jungen und Mädchen haben den gleichen Zugang zu Spielsachen und -räumen, für alle gelten die gleichen Regeln und Aufgaben in der Kindergartengruppe. Dieser Anschein jedoch zerbricht, wenn die Interaktionen zwischen Erzieherin und Jungen bzw. Mädchen genauer betrachtet werden.

Die Erzieherinnen, die betonen, dass sie Mädchen und Jungen gleich behandeln würden, nannten Klischees und Vorurteile, die geschlechtsneutrale Behandlung unmöglich machen oder zumindest stark behindern.

Mädchen werden von Erzieherinnen tendenziell wahrgenommen als ...
- sozial,
- angepasst,
- aufmerksam,
- hilfsbereit,
- beeinflussbar,
- kooperativ,
- ruhig.

Jungen werden tendenziell vor allem wahrgenommen als ...
- unruhig,
- laut,
- wild,
- vorlaut,
- durchsetzungsfähig,
- leistungsorientiert,
- unberechenbar

(vgl. Blank-Matthieu, 2002, S. 50 ff.).

Einstellungen und Klischees über Jungen und Mädchen beruhen zwar auf tatsächlichen Erfahrungen vieler Erzieherinnen. Sie verfestigen sich jedoch im Laufe der Zeit und beeinflussen die Wahrnehmung und Interpretation der Umwelt bzw der kindlichen Verhaltensweisen. In den seltensten Fällen werden sie im Alltag hinterfragt. Die beobachteten und charakterisierten Vorgänge laufen jedoch unbewusst ab. Indem sie (vgl. Kap. 2.3.3) immer wieder neu produziert werden, wirken sie wie angeboren. So entstehen Aussagen wie „Jungen sind von Natur aus wilder als Mädchen." Die Individualität eines Kindes wird damit ignoriert.

Geschlechtstypische Einstellungen von Erzieherinnen den Kindern gegenüber haben zur Folge, dass diese auch geschlechtstypisch auf die Kinder reagieren. Beispielsweise fordert das „typische Jungenverhalten" viel Aufmerksamkeit der Erzieherin, während das „typische Mädchenverhalten" pflegeleicht und entlastend im Kindergruppenalltag ist. Die Erzieherin muss sich demnach mehr mit den Jungen als mit den Mädchen aktiv auseinandersetzen.

> *Beispiel:*
> *„Katrin sitzt mit Kai und Britta am Mal- und Basteltisch, als die Aufforderung zum Aufräumen zu hören ist. Katrin, 6 Jahre alt, legt sofort ihre Zeichnung beiseite und räumt die Stifte in das Schälchen. Dann weist sie Britta (4 Jahre) und Kai (5 Jahre) darauf hin, dass sie auch noch aufräumen sollen. Britta sagt, dass sie nur noch die Sonne aufs Bild malen will. Kai lässt sich nicht stören und schneidet an einem Stück Pappe herum. Als die Erzieherin am Maltisch vorbeikommt, lobt sie Katrin und fordert Kai auf, seine angefangene Rakete am Nachmittag fertigzustellen und jetzt auf die Seite zu räumen. Dieser bleibt seelenruhig sitzen und holt sich sogar noch Klebstoff aus dem Regal. Katrin und Britta räumen inzwischen den Mal -und Basteltisch vollständig ab. Kai passt dabei auf, dass sie nichts von seinen gebastelten Sachen erwischen. Als die Mädchen mit dem Aufräumen fertig sind, nimmt Kai seine Bastelsachen und legt sie bereitwillig in sein Fach."*
>
> (Blank-Mathieu, 2002, S. 51)

Nur in den seltenen Fällen ist einer Erzieherin in einer solchen alltäglichen Situation bewusst, dass dort ein Doing-gender-Prozess stattgefunden hat. Sie wird das Verhalten von Kai im Trubel des Gruppenalltags als „normal" hinnehmen. Somit werden Kai, Britta und Katrin in ihrem geschlechtstypischen Verhalten bestärkt. Die Verhaltensweisen werden im Laufe der Zeit gefestigt, wodurch sowohl den Mädchen als auch den Jungen neue Erfahrungen erschwert werden.

Aufgabe

Hätte die Erzieherin Ihrer Vermutung nach anders reagiert, wenn Kai die Rolle von Katrin eingenommen hätte und Katrin die Rolle von Kai?

Stereotype können entlasten

Für den Menschen hat diese soziale Praktik der Stereotypisierung im Alltag eine entlastende Funktion, denn sie hilft, dass nicht jede Situation wieder neu interpretiert werden muss und stets erneute Lösungen gesucht werden. Erlebnisse und Beobachtungen können leichter eingeordnet werden, sodass wir komplexe Situationen schneller und leichter erfassen können. Die Kategorisierung schützt vor einer Reizüberflutung, indem Informationen gleich entsprechend der Kategorien geordnet werden.

> *Beispiel:* Wenn Sie viele Grashalme sehen, dann schauen Sie sich nicht jeden einzelnen Grashalm sorgfältig an, sondern erfassen diese „Situation", indem Sie denken „Rasen". Das gibt Ihnen die Möglichkeit, sich wichtigeren Dingen zu zuwenden, wie beispielsweise einem Auto, das sich nähert. Würden Sie nicht alle Grashalme „über einen Kamm scheren", hätte Sie ein Problem in der Alltagsbewältigung.

Stereotype sind vereinfachte Wahrnehmungsmuster, welche kulturell bedingt sind. Sie erleichtern die Interaktion mit Unbekannten. Stereotype beinhalteten stets eine Erwartung an das Gegenüber, die zu diesem Wahrnehmungsmuster passt. Diese sind traditionell geprägt (vgl. Gottwald, 2008, S. 23).

> *Beispiel:* Torben aus der Kindergartengruppe ist krank. Die Erzieherin möchte seine Eltern benachrichtigen, damit Torben abgeholt wird. Sie erwartet, die Mutter telefonisch zu erreichen, weil sie weiß, dass diese vor drei Monaten ein Baby bekommen hat und sicher zu Hause sein wird oder per Handy erreichbar ist. Wider Erwarten geht ein der Erzieherin unbekannter Mann an das Telefon, der ihr zu verstehen gibt, dass er Tagesvater sei und die Mutter des Kindes derzeit in einer wichtigen geschäftlichen Sitzung in ihrer Firma gebraucht werde. Der Tagesvater will sich auf den Weg machen, um Torben abzuholen und ihn zu pflegen.

Die Erzieherin in diesem Beispiel ist vom gesellschaftlich geprägten Stereotyp der Frau und Mutter ausgegangen. Ihre Erwartungen wurden nicht erfüllt. Sicherlich wurde sie im Rahmen des Telefonats gezwungen, ihre Zuschreibungen zu überdenken und neue zu finden (wie etwa Mann = Tagesvater, das gibt es auch, ist aber selten), um sich der Situation entsprechend verhalten zu können.

Stereotype können belasten

Die hier dargestellten sozialen Praktiken verlaufen jedoch nicht immer so unproblematisch wie in dem vorangegangenen Beispiel. So wird es beim Thema „Gender" Zeit, die Geschlechterbrille abzunehmen, d. h. problematische Klischees, Vorurteile und geschlechtsbezogene Stereotype zu hinterfragen, um dem einzelnen Individuum gerecht zu werden.

Die folgende Untersuchung zeigt, wie die Stereotype wirksam werden und die menschliche Wahrnehmung, Denk- und Handlungsweise beeinflussen können.

„Die amerikanischen Sozialwissenschaftler Snyder und Uranowitz ließen 212 männliche und weibliche Studenten die fiktive Fallgeschichte einer Betty K. lesen. In diesem Bericht waren einige Informationen über Bettys Kindheit, über ihr Elternhaus, ihre Beziehungen während der Ausbildungszeit und schließlich über ihre Berufserfahrungen enthalten.

Die Studenten wurden gebeten, sich diese Angaben möglichst genau zu merken. Kurze Zeit später wurde der einen Gruppe eröffnet, dass Betty lesbisch gewesen sei, der anderen Gruppe sagte man, sie sei heterosexuell.

Eine Woche später bekamen die Studenten einen Fragebogen mit 36 Mehrfachwahl-Antworten, der testen sollte, was sie noch über Bettys Fallgeschichte wussten. Die Verteilung der Antworten war aufschlussreich. (...) Die Gruppe, der angegeben worden war, dass Betty lesbisch sei, (...) kreuzte (...) die Antworten an, dass sie von ihrem Vater missbraucht worden sei und ziemlich unattraktiv war. (...) Die Gruppe mit der Information über die heterosexuelle Orientierung Bettys gab hingegen an, dass sie eine recht glückliche Kindheit verlebt hatte und hübsch aussah.

Beiden Gruppen war wohlgemerkt die gleiche unverfängliche Lebensgeschichte zum Lesen gegeben worden, die (...) Details wie sexueller Missbrauch oder Attraktivität gar nicht enthalten hatte. Trotzdem wählten nur wenige die Antwort „Ich weiß nicht."

(Dechmann/Ryffel, 2005, S. 33)

Das beschriebene Experiment wurde Ende der 1970er-Jahre durchgeführt. Noch mehr als heutzutage wurde Homosexualität mit abwertenden Stereotypen in Verbindung gebracht. Sie wurde als abweichendes Verhalten zur „normalen" Heterosexualität wahrgenommen. Die sexuelle Orientierung lesbischer Frauen wurde durch eine unglückliche Kindheit, schlechte Erfahrungen mit Männern oder Unattraktivität erklärt. Aus den Antworten der Studenten in diesem Experiment geht deutlich hervor, dass die sozialen Konzepte, die sich aus der gesellschaftlichen Meinung ergeben, die menschliche Wahrnehmung beeinflussen. Betty K. wurden Erfahrungen und Umstände angedichtet, von denen nie die Rede war (vgl. Focks, 2002, S. 17 f.).

Studien des Sozialpsychologen Paul Davies von der kanadischen University of British Columbia haben gezeigt, dass Frauen beim Lösen mathematischer Aufgaben schlechtere Leistungen erbrachten, wenn sie zuvor einen Werbespot gesehen haben, in dem Frauen dem Geschlechterstereotyp entsprechend für Backmischungen geworben hatten. Dieser Effekt wird wissenschaftlich als „Stereotype-Threat", also „Bedrohung durch Stereotype" bezeichnet. Geschlechterstereotype können die Chemie des Gehirns verändern. So zeigten Männer in einem Test zur mentalen Rotation von Figuren eine bessere Leistung, wenn ihnen vorher verdeutlicht wurde, dass sie bei dieser Aufgabe Frauen gegenüber im Vorteil seien. Diese Aktivierung der Geschlechterstereotype führte zu einem erhöhten Testosteronspiegel (vgl. Gebhardt, 2008, S. 71).

> *Die Professionalität von Erzieherinnen zeichnet sich dadurch aus, dass sie ihr Handeln reflektieren und begründen können. Sie sollten ihre eigenen Vorstellungen von Weiblichkeit und Männlichkeit sowie diesbezügliche Klischees, Alltagstheorien und Vorurteile kritisch analysieren, um traditionelle Geschlechterrollen nicht ahnungslos an die Jungen und Mädchen weiterzugeben, sondern diese bei der Suche nach ihrer Geschlechtsidentität aufmerksam, bewusst und kritisch zu begleiten.*

Der erste Schritt, um persönliche Klischees zu reflektieren, ist, sie sich bewusst zu machen. Denn nur bewusste Sachverhalte können kritisch analysiert und reflektiert werden.

Aufgaben

1. Entwerfen Sie in Kleingruppenarbeit ein Bild ihres „Traummanns" und Ihrer „Traumfrau". Malen Sie dazu zwei lebensgroße Körperumrisse (Mann und Frau) auf jeweils ein Plakat. Schreiben Sie schlagwortartig die gewünschten Eigenschaften und Attribute entsprechend dazu. Lassen Sie Ihren Vorurteilen dabei freien Lauf. Diese vorhandenen stereotypischen Vorurteile sind bei dieser Übung erwünscht.

   Vergleichen Sie die Bilder in Ihrer Lerngruppe.
   - Wo gibt es Gemeinsamkeiten bzw. Unterschiede bei den „Traummännern"?
   - Wo finden sich Gemeinsamkeiten bzw. Unterschiede bei den „Traumfrauen"?
   - Welche Eigenschaften und Attribute fehlen beim „Traummann"?
   - Welche Eigenschaften und Attribute fehlen bei der „Traumfrau"?
   - Auf welchen Körperstellen liegt der Fokus beim Traummann bzw. bei der Traumfrau?
   - Gibt es im Alltag Menschen, die diese Traumvorstellungen erfüllen können?

2. Nennen Sie die Vor- und Nachteile, die Stereotype mit sich bringen.

Beispiel „Traummann"

2.3.6 Heteronormativität als Bezugsnorm

Die Kultur der Zweigeschlechtlichkeit wird auch als **Heteronormativität** bezeichnet. In dieser Weltanschauung kommen lediglich weibliche und männliche Geschlechter vor. Die biologischen Geschlechtsmerkmale, die Geschlechtsidentität, das Rollenverhalten von Frauen ist weiblich, und die sexuelle Orientierung ist auf männliche Partner bezogen. Analog dazu sind die Geschlechtsmerkmale, die Geschlechtsidentität und die Geschlechterrolle eindeutig männlich, und die sexuelle Orientierung der Männer ist auf Frauen bezogen. Verhaltensweisen oder Gefühle, die nicht in dieses System passen, werden gesellschaftlich oftmals nicht akzeptiert.

Heteronormativität beinhaltet **Heterosexualität** als soziale Norm. Frauen und Männern werden im Alltag als erotisch aufeinander bezogene Gruppen betrachtet.

Beispiel: Ein dreijähriger Junge möchte die Erzieherin durch körpersprachliche Gesten und ein besonderes Minenspiel überreden, dass sie mit ihm zur Schaukel gehen soll. Die Erzieherin sagt zu einer Kollegin „Wie niedlich, der flirtet ja schon richtig!" Wahrscheinlich hätte sie das in der Interaktion mit einem Mädchen nicht gesagt.

Die Reaktion der Erzieherin ist durch die Vorstellung des „normalen" heterosexuellen Begehrens geprägt. Die Verbindung von Sex, Gender und Heterosexualität wird als gängige Norm betrachtet. Indem heterosexuelle Beziehungen im Alltag permanent wahrgenommen werden, werden abweichende sexuelle Orientierungen erwachsener Menschen ausgeblendet. Somit wird Heteronormativität durch Doing gender immer wieder hergestellt.

Intersexuelle und bisexuelle Menschen, schwule Männer und lesbische Frauen, Transmänner und Transfrauen[1] werden als Abweichung der Heteronormativität betrachtet. In den letzten Jahren ist die gesellschaftliche Akzeptanz gegenüber „andersgeschlechtlichen Lebensweisen" zwar gestiegen, aber dennoch besteht noch keine gesellschaftliche Gleichwertigkeit. So haben etwa Schwule und Lesben in eingetragenen Lebensgemeinschaften noch immer darunter zu leiden, dass sie nicht dieselben Rechte haben wie Menschen einer heterosexuellen Ehe.

---

[1] Die Begriffe „Transmänner" und „Transfrauen" sind abgeleitet von „Transgender". Transgender bezeichnet Abweichungen der sozialen Geschlechterrolle. Transgender-Menschen fühlen sich mit ihrem biologischen Geschlecht falsch ausgestattet. Sie können sich mit der ihnen zugewiesenen Geschlechterrolle nicht identifizieren. Transgender wird auch als Begriff dafür verwendet, wenn Männer und Frauen durch ihr Aussehen und ihr Verhalten aus ihrer zugewiesenen Geschlechterrolle ausbrechen.

2.3.7 Doing Life Course Difference – geschlechtstypische Territorien

Mädchen fallen durch die Spielzeugwahl wie etwa von Perlen oder Puppen auf, während Jungen sich mehrheitlich mit Bauklötzen oder Autos beschäftigen. Diese Vorlieben sind in der Regel bedeutsam für den weiteren Lebenslauf bis hin zur Berufswahl (vgl. Krüger, 2002, S. 31).

Die Soziologin Helga Krüger erweiterte die Theorie des Doing gender zur Theorie „Doing Life Course Difference". Diese Theorie beschreibt das Konzept einer geschlechtlich-stereotypisierenden Territorienordnung, welche als eine Vermittlungsebene zwischen gesellschaftlicher Sozialisation von Jungen und Mädchen und der Sozialstruktur von Männern und Frauen betrachtet wird.

Die geschlechtsspezifischen Territorien sind geschlechtstypische Aktivitätsräume, wie zum Beispiel:

- Bereiche des Arbeitsmarktes, z. B. Tätigkeiten als Bauingenieur, Raumpflegerin, Kassiererin, Elektriker, ...
- Fachdisziplinen: Mathematik, Physik, Germanistik, Psychologie, Pflegewissenschaft
- Orte der Freizeit: Kneipe, Café, Tanzstudio, Fußballplatz, Heimwerkstatt, Töpferkurs

Geschlechtstypische Territorien im Kindergarten sind oftmals durch die sogenannten „Funktionsecken" gekennzeichnet. So halten sich etwa in der Puppenecke überwiegend Mädchen auf, während die Bauecke eher von den Jungen genutzt wird.

Aufgabe

Ordnen Sie die oben genannten Beispiele geschlechtsspezifischer Territorien aufgrund ihrer Lebenserfahrungen den Geschlechtern zu und ergänzen Sie bitte durch weitere Aktivitätsräume.

An den geschlechtstypischen Territorien wird die Konstruktion von „Gender" auf den drei Ebenen „Interaktion" – „Qualifizierung" – „Typik von Arbeit" deutlich.

Beispiel:
Die sechsjährige Hanna gesellt sich gerne und oft zur ihrer Erzieherin an den Basteltisch. Sie mag ihre Erzieherin sehr und möchte genau so werden wie sie. Durch die vielfältigen Bastelaktivitäten im Kindergarten ist Hanna sehr geübt in feinmotorischen Fertigkeiten und erhält viel Lob für ihre Produkte.
Des Weiteren spielt Hanna gerne und oft in der Puppenecke „Mutter und Kind" mit anderen Mädchen. Die Erzieherin zeigt sich beeindruckt davon, dass Hanna mit der Puppe wie mit einem „echten Baby" umgehen kann und wie ausdauernd sie spielt, ohne sich mit den anderen Kindern zu streiten.
Zuhause hat Hanna einen jüngeren Bruder und Hannas Mutter ist begeistert, dass Hanna bereits im Alter von sechs Jahren richtig mithelfen kann. Sie räumt sogar alleine ihr Zimmer auf.

Hanna wird möglicherweise einen Berufswunsch äußern bzw. eine Erwerbsarbeit anstreben, die mit den eben beschriebenen Fähigkeiten zu tun hat, denn Menschen suchen sich bevorzugt einen Ausbildungsberuf, der ihnen Spaß macht und dessen Anforderungen sie sich gewachsen fühlen. Freude bereitet das, was bereits vertraut ist und mit Erfolgserlebnissen verknüpft wird.

Möglicherweise wird die Berufsberaterin Hanna, die ja schon früh Verantwortung für andere Kinder übernommen hat, die sozial und angepasst ist, Freude an sozialen Kontakten hat und gerne bastelt, malt und gestaltet, vorschlagen, eine Ausbildung im sozialen oder pflegerischen Bereich anzustreben. Weniger wahrscheinlich wäre eine Beratung, die in einen technischen Beruf führen wird, welcher durchaus besser bezahlt würde.

Dieses Beispiel zeigt – stark vereinfacht – einen Werdegang „von der Puppenecke zur Erzieherin". Analog dazu kann bei Jungen das Beispiel eines Prozesses von Interaktionen, die „von der Bauecke zum Flugzeugbauer" führen konstruiert werden.

Kinder orientieren sich beim Einüben bestimmter Fähigkeiten und Fertigkeiten im Spiel selbstverständlich nicht an der Lage des zukünftigen Arbeitsmarktes. Doch auch im Jugendalter sind Geschlechterklischees ein wesentliches Kriterium der Berufswahl. Junge Männer und Frauen entwerfen ein Bild, wie sie später als Mann oder als Frau im Leben stehen wollen. Der Beruf muss zum jeweiligen Bild passen. Aus dem deutschen Berufsbildungsbericht aus dem Jahre 2003 geht hervor, dass Betriebe bei der Auswahl ihrer Auszubildenden geschlechterstereotypische Kriterien einbeziehen. So ist beispielsweise der Berufswunsch der Kraftfahrzeugmechanikerin für ein Mädchen ebenso schwierig zu realisieren wie der Beruf des Medizinischen Fachangestellten für einen Jungen (vgl. Corneließen, 2008, S. 39).

Weibliche Territorien werden gesellschaftlich oft weniger geschätzt als männliche. Dies zeigt sich nicht zuletzt an der finanziellen Entlohnung typischer Frauenberufe und am höheren Gehalt gängiger Männerberufe.

Mädchen und Frauen erobern allerdings seit einigen Jahren männliche Territorien. Eine Architektin, eine Ärztin oder eine Wissenschaftlerin sind heutzutage nicht mehr selten. Auch das Fußballspielen ist mittlerweile ein anerkannter Frauensport geworden.

Spielerin einer Mädchen-Fußballmannschaft

Männern hingegen bleiben die typisch weiblichen Aktivitätsräume eher verschlossen. Wer will schon in die schlecht bezahlten, gesellschaftlich eher schlechter angesehenen Berufe wie Krankenpfleger, Erzieher, Kinderpfleger usw.? Männer in Frauenterritorien sind noch immer dem gesellschaftlichen Stigma von „Lächerlichkeit" ausgesetzt. Der Mann, der als Hobby „Handarbeiten" angibt, wird schnell als „nicht männlich" stigmatisiert. Eine Frau hingegen, die Vorsitzende eines Schießvereins ist und sich in ihrer Freizeit für Automechanik begeistert, wird eher als fortschrittlich oder „tough" bezeichnet.

Bereits im Kindergarten drücken Kinder selbst diese Wertschätzung der geschlechtsspezifischen Aktivitäten und Territorien aus. So äußert z. B. der fünfjährige Jan geringschätzig: „Mädchenkram, den Tisch abwischen. Das mache ich nicht!"

Wird die Theorie des „Doing Life Course Difference" weitergedacht, dann kann man sich vorstellen, dass Frauen auch in Zukunft weniger materielle Sicherheit haben, seltener Führungspositionen besetzen können und in politischen Ämtern unterrepräsentiert sind. Im Gegensatz dazu werden Männer auch in Zukunft oftmals ernsthaft erkranken, weil es ihnen „unmännlich" erscheint (rechtzeitig), einen Arzt aufzusuchen, und sie immer dem Druck ausgesetzt sind, stärker zu sein, als sie sind. Und nur mit finanziellen Einbußen werden Männer in den Genuss kommen, ihr eigenes Kind zu betreuen, während ihre Frau arbeiten geht (vgl. Krüger, 2002, S. 29 ff.).

3 Die psychologische Dimension: Entwicklung der Geschlechtsidentität

In diesem Kapitel erwerben Sie folgende Kompetenzen:
- Grundwissen über die Entwicklung der Geschlechtsidentität über die Lebensspanne aus dem Blickwinkel der Kognitionspsychologie
- Grundkenntnisse über die Bekräftigungstheorie und die Imitationstheorie der sozialen Lernpsychologie hinsichtlich der Übernahme geschlechtstypischen Verhaltens
- Grundverständnis des geschlechtstypischen Erwerbs der Bindungs- und Trennungsidentität aus dem Blickwinkel der psychoanalytischen Theorie
- Fähigkeit, geschlechtstypisches Verhalten von Jungen und Mädchen im Kindergarten einordnen und deuten zu können
- Fähigkeit, einordnen zu können, wann eine Störung der Geschlechtsidentität vorliegt
- Wissen über die Bedeutung der Erzieherin als Identifikationsfigur für Jungen und Mädchen
- Selbstkompetenz, sich als Modell für Jungen und Mädchen zu reflektieren

3.1 Klärung der Begriffe „Identität" und „Geschlechtsidentität"

Ich-Identität bedeutet die ganz persönliche Einschätzung, die ein Mensch sich selbst gegenüber hat („So bin ich."), und zwar im Gegensatz zur Einschätzung, die andere von ihm haben („So ist er/sie."). Diese Einschätzungen müssen im Laufe der menschlichen Entwicklung immer wieder hergestellt werden, sodass der Mensch ein stimmiges Selbstbild, also eine gelungene Ich-Identität entwickeln kann.

Die Suche nach Identität ist die Suche nach der Antwort auf die Frage „Wie werde ich ich (selbst)?" **Identität** wird zugleich als Ergebnis und als Motor von Entwicklung bezeichnet. Sie ist die stärkste psychisch stabilisierende Kraft eines jeden Menschen (vgl. Rohrmann/Thoma, 1998, S. 117).

Ein Teil der Identität betrifft die Geschlechtszugehörigkeit. Dabei geht es um die Fragen „Wie sehe ich mich als Mädchen/Frau oder Junge/Mann?" *und* „Wie sehen mich die anderen?". Da Geschlecht in unserer Kultur der Zweigeschlechtlichkeit eine zentrale Bedeutung hat, so liegt es auf der Hand, dass auch der Aufbau und der Erhalt einer stabilen Geschlechtsidentität ein Fundament für die Identitätsentwicklung an sich ist. Sie ist die persönliche Erfahrung mit der Geschlechtsrolle. Die **Geschlechtsrolle** wiederum ist der Ausdruck der **Geschlechtsidentität**. Eine stabile Geschlechtsidentität ist eine grundlegende Voraussetzung für die psychische Gesundheit des Menschen und auch dafür, erfolgreich am sozialen, gesellschaftlichen Leben teilnehmen zu können.

Durch veränderte Lebenssituationen, die mit einem gesellschaftlichen Wandel einhergehen, müssen alle Menschen ihr Leben zunehmend selbst gestalten und sich immer wieder mit den gesellschaftlichen Gegebenheiten, in denen sie leben, auseinandersetzen. Allgemein verbindliche geschlechtsstereotypischen Normen und Werte zwingen Jungen und Mädchen zur ganz eigenen Komposition einer Geschlechtsidentität. Aus verschiedensten alltäglichen Angeboten von (realen und medialen) Verhaltensmodellen wählen sie dabei das für sie Stimmige aus. Anzumerken ist, dass sich die Polaritäten von dem, was als „männlich" und als „weiblich" betrachtet und gesellschaftlich akzeptiert wird, zwar scheinbar gelockert haben, es aber dennoch klare Grenzen in der Gestaltung der Geschlechtsidentität gibt (vgl. Horstkremper/Zimmermann, 1998, S. 7–14).

Die Ausbildung der Geschlechtsidentität ist „im Spannungsfeld zwischen Natur und Kultur höchst anspruchsvoll, krisenhaft und chaotisch für Jungen und Mädchen" (Rabe-Kleberg, 2003, S. 65).

Eine Identität ist nicht einmalig und auf Lebenszeit hergestellt. Es handelt sich vielmehr um einen lebenslangen Prozess, diese aufzubauen, auszubauen bzw. aufrechtzuerhalten. Jeder Mensch lebt in einer permanenten Herausforderung, aktiv die subjektive Identität bzw. Geschlechtsidentität im Sinne eines Ausbalancierens zwischen subjektiver Einschätzung und der Einschätzung der jeweiligen Umwelt zugunsten eines stimmigen Selbstbildes herzustellen.

3.2 Kinder entwickeln ihre Geschlechtsidentität aktiv

Die Entwicklung der Geschlechtsidentität ist eine der Hauptentwicklungsaufgaben in der Lebensphase des Kindergartenkindes (vgl. Horstkremper/Zimmermann, 1998, S. 74). Es ist davon auszugehen, dass jede kindliche Handlung im Vorschulalter, also im Kindergarten, mit der Ausbildung der Geschlechtsidentität verbunden ist.

Die Entwicklung der Geschlechtsidentität ist ein aktiver Bildungsprozess des Kindes, denn es konstruiert seine Geschlechtlichkeit im Laufe seiner Biografie selbst.

Dieser Prozess wird beeinflusst und manipuliert durch die Sozialisationsinstanzen, die das Kind erlebt, wie etwa Eltern, Medien, Spielzeug oder Gleichaltrige (vgl. Kap. 4). Auch die gesellschaftlichen Normen, die der jeweiligen Geschlechterkategorie zugedacht werden, sind eine beeinflussende Vorgabe für den Jungen oder das Mädchen.

Körperliche Entwicklungsschritte sind zeitlich aufeinanderfolgend festgelegt. Die kognitiven, emotionalen und verhaltensmäßigen Komponenten des Aufbaus der Geschlechtsidentität bauen prinzipiell zwar auch aufeinander auf, sind aber stets auch zeitlich abhängig von den individuellen und sozialen Entwicklungsvoraussetzungen der Jungen und Mädchen.

3.3 Die Entwicklung der Geschlechtsidentität im Krippenalter (0 bis 2 Jahre)

Obwohl Interviews mit Säuglingen oder Babys nicht möglich sind, können Wissenschaftler durch Experimente belegen, dass bereits sehr kleine Kinder folgende Unterschiede zwischen Frauen und Männern wahrnehmen.
Sie sind in der Lage,

- ab dem dritten Lebensmonat (bis spätestens zum sechsten Monat) die Stimmen von Männern und Frauen zu unterscheiden,
- mit neun bis zwölf Monaten männliche und weibliche Gesichter zu unterscheiden,
- mit neun bis zwölf Monaten, Stimmen Gesichtern zuzuordnen,

- mit 10–14 Monaten: bei dargebotenen Filmen, in denen Jungen und Mädchen gezeigt werden, jene Kinder einer längeren Betrachtung zu unterziehen, die der eigenen Geschlechterkategorie angehören,
- am Ende des zweiten Lebensjahres Gegenstände in die Gruppen für „Jungen und Männer" und „für Mädchen und Frauen" zu sortieren.

Bis zum zweiten Lebensjahr können Kinder „männlich" und „weiblich" unterscheiden und wissen ungefähr, welche Gegenstände und Verhaltensweisen zu den beiden Geschlechtern gehören. Bis zum zweiten Lebensjahr bevorzugen Kinder Spielzeug, das zu ihrem Geschlecht passt.

Babys sind dabei allerdings noch nicht in der Lage, ihr eigenes Geschlecht zu kategorisieren. Sie differenzieren männliche und weibliche Menschen vor allem anhand der visuellen Merkmale wie z. B. Haarlänge und Kleidung. Die Genitalien eines Menschen sind in diesem Alter zur Geschlechterunterscheidung nicht bedeutsam (vgl. Trautner, 2002, S. 657). Ihre eigene Geschlechtszugehörigkeit einzuordnen („Ich bin ein Junge/Mädchen!"), gelingt Jungen und Mädchen mit ungefähr zweieinhalb bis drei Jahren.

Die Erfahrungen, die ein Kind in seinem ersten Lebensjahr macht, beeinflussen seine Identität in hohem Maße. Im ersten Lebensjahr bis weit in das zweite Lebensjahr nimmt ein Kind die Vorgänge um es herum noch nicht bewusst wahr. Es ist katastrophal, wenn ein Kind in dieser Zeit spürt, dass es von der Bezugsperson abgelehnt wird. Die Reflexion dieser Situationen und Veränderungen ist im weiteren Lebensweg des Kindes ein mühevoller Prozess.

Bis ins dritte Lebensjahr sind Kindern die geschlechtstypischen Unterschiede noch nicht bewusst. Sie benutzen die Kategorien „Frau", „Mädchen, „Mann" und „Junge" wie die Bezeichnungen „Erwachsener", „Kind", „Schüler", „Oma". Sie verstehen noch nicht, dass jeder Mensch auch immer in eine Geschlechterkategorie eingeordnet wird.

Kinder bis ins dritte Lebensjahr haben auch noch nicht das Verständnis dafür, dass alle Menschen lebenslang ihre Geschlechterkategorie behalten werden (Geschlechterkonstanz). So können sich kleine Kinder ganz fest wünschen, das Geschlecht zu wechseln und an die Realisierung dieses Wunsches glauben oder Kinder verkleiden sich als das andere Geschlecht und sind in dem Glauben, sie wären nun tatsächlich ein Mädchen bzw. ein Junge.

Beispiele: Ein Junge zieht sich ein Kleid an und sagt „Ich bin jetzt ein Mädchen".
Ein Mädchen behauptet energisch, dass sie später ein Papa werden wird.

Dieses Verständnis von Geschlechterkonstanz ändert sich im Laufe des Kindergartenalters.

3.4 Die Entwicklung der Geschlechtsidentität im Kindergartenalter (3–6 Jahre) nach dem kognitionspsychologischen Erklärungsansatz, dem Stufenmodell von Kohlberg

Die Entwicklung der Geschlechtsidentität ist für Mädchen und Jungen im Kindergartenalter die zentrale Entwicklungsaufgabe!

Der kognitive Erklärungsansatz geht davon aus, dass das Wissen der Kinder, also das Verstehen, dass es zwei Geschlechter gibt, ausschlaggebend dafür sei, dass Mädchen und Jungen sich die typischen Merkmale ihrer Geschlechterkategorie zu eigen machen und positiv bewerten. Das Kind macht vorbehaltlos in seinem Alltag Erfahrungen mit der Geschlechtlichkeit und verarbeitet diese Beobachtungen zu bestimmten Gedanken, und zwar je nach kognitivem Entwicklungsstand, auf dem es sich gerade befindet.

Der Erziehungswissenschaftler Lawrence Kohlberg entwickelte diesbezüglich ein Stufenmodell, das auf der Theorie der kognitiven Entwicklung von Jean Piaget basiert. Jede Stufe beschreibt die kognitive Verarbeitung der geschlechtlichen Beobachtungen und Erfahrungen des Kindes.

Ein Kind nimmt bis zum Alter von ca. zwei bis drei Jahren Ähnlichkeiten zwischen Merkmalen der eigenen Person und den Merkmalen gleichgeschlechtlicher Menschen wahr. Diese Wahrnehmungsleistung bietet dem Kind die Grundlage der geschlechtlichen Selbstkategorisierung.

Geschlechtsbewusstsein und Kategorisierungen

Zwischen dem zweiten und dritten Lebensjahr erlangen Kinder ein Geschlechtsbewusstsein. Sie können benennen, ob sie selbst männlich oder weiblich sind und auch das Geschlecht anderer zuordnen. Dies ist ein Meilenstein in der kindlichen Entwicklung, denn haben Jungen und Mädchen die Stufe des Geschlechtsbewusstseins erlangt, beginnt der mühevolle Weg, herauszufinden, was es nun für sie bedeutet, ein Junge oder ein Mädchen zu sein (vgl. Gilbert, 2001, S. 118).

Kategorisierungen sind generell charakteristisch für dieses Lebensalter. Kinder haben im Kindergartenalter viel Freude daran, Dinge aufgrund äußerer, sichtbarer Merkmale zu ordnen, zu kategorisieren und Gegenstände nach Ähnlichkeit und Verschiedenheit zu sortieren.

Entwicklungspsychologisch greifen die Farbwahrnehmung und die Geschlechterwahrnehmung ineinander. So kann man oftmals Kinder beobachten, die ausdauernd und akribisch verschiedenartige Bauklötze nach Farbe oder Größe sortieren.

Analog dazu werden Menschen in „weiblich" und „männlich" kategorisiert. Diese Kategorisierung wird nach sichtbaren Kriterien vorgenommen. Ein Kind wird somit beispielsweise das Geschlecht „weiblich" an mädchentypischer Kleidung festmachen oder einen Mann aufgrund seines Bartes als „männlich" einstufen.

Das Kind beginnt zu verstehen, dass auch bestimmte Verhaltensweisen und Dinge etwas mit der Zugehörigkeit zur weiblichen oder männlichen Kategorie zu tun haben. Somit wissen und differenzieren Kinder zunehmend sehr genau zwischen männlichen und weiblichen Aktivitäten, Attributen und Gegenständen. So wird vom Kind selbst strengstens beachtet, dass Puppen etwas „für Mädchen" sind und der Medienheld Batman „für Jungen" ist oder dass „Schminken" für Frauen ist und „Bartwuchs" männlich.

Selbst metaphorische Eigenschaften werden von Kindern in diesem Entwicklungsabschnitt geschlechtstypisch kategorisiert – ohne dass es einen objektiven Anhaltspunkt dafür gibt. So gelten für sie Feuer, Blitze, Gorillas, Stofftiere mit langen gefährlich aussehenden Zähnen sowie spitze, große, dunkle, raue Gegenstände als „männlich" und „für Jungen". Weiche abgerundete glatte, zerbrechlich aussehende Gegenstände, wie etwa Schmetterlinge, Wolken oder Enten, sowie Pastellfarben als weiblich und „für Mädchen". Ein zorniger Gesichtsausdruck wird mit „männlich" assoziiert, während ein fröhlicher Gesichtsausdruck als „weiblich" eingeordnet wird (vgl. Trautner 2002, S. 658 ff.). Die Farben rosa und lavendel bezeichnen Kinder als „Mädchenfarben" und braun und blau als „Jungenfarben" (vgl. Gilbert, 2001, S. 118).

Die Geschlechtsstereotype spiegeln sich auch in den Zeichnungen der Kinder wider. So malen Mädchen überwiegend Bilder, auf denen Situationen des alltäglichen Familienlebens zu sehen sind – mit Mama, Oma, Blumen, Küchen etc. Meist wird Leben im Haus oder um das Haus herum dargestellt, während Jungen oftmals die Welt „draußen" zeichnen, wie etwa Flugzeuge, Bagger oder Autos (vgl. Blank-Mathieu, 1996, S. 22).

Diese Einstellungen sind bereits eine Basis für geschlechtertypische Stereotype (vgl. Kap. 2.3.5). Informationen über die Geschlechter erhalten Kinder aus Beobachtungen, durch Äußerungen anderer Kinder und Erwachsener und durch Medien (vgl. Kap. 4.2).

Kinder demonstrieren ihre Geschlechtszugehörigkeit

Kinder möchten in dieser Entwicklungsphase (3–6 Jahre) im besonders hohen Maße ihre Geschlechtszugehörigkeit eindeutig demonstrieren, was bedeutet, dass sie extrem in ihrer männlichen oder weiblichen Rolle aufgehen. Jungen ahmen andere Jungen und Männer nach, während Mädchen sich an Mädchen oder Frauen orientieren. Dies zeigt sich nicht nur in der Wahl geschlechtstypischen Spielzeugs und entsprechender Spiele, sondern auch darin, dass Mädchen und Jungen vor allem in gleichgeschlechtlichen Gruppen spielen (sofern sie die Wahl haben wie im Kindergarten).

„Martin Verlinden hat Kindergartenkinder in Bezug auf ihr Spielverhalten und die Beziehungen zwischen Jungen und Mädchen untersucht. Da Jungen häufiger bauen und Mädchen sich häufiger am Maltisch aufhalten, wurden die tatsächlichen Zahlen in einer Studie festgestellt. Das Ergebnis sieht folgendermaßen aus:

An 180 Tagen waren insgesamt:

	Mädchen	Jungen	gesamt
in der Bauecke	131	319	450
am Maltisch	494	231	725

Es ist ein deutlicher Unterschied zwischen Mädchen und Jungen zu erkennen.

Auch am Verhalten im Freispiel kann man deutlich die Jungen- von der Mädchengruppe unterscheiden. In der Puppenecke spielen vorwiegend Mädchen, mit Konstruktionsspielzeugen vorwiegend Jungen. Genauere Untersuchungen könnten zu ähnlichen Ergebnissen führen, wie z. B. die von Verlinden in Bezug auf den Maltisch und die Bauecke zeigen."
(Blank-Mathieu, 1996, S. 23).

Mädchen und Jungen zeigen sich in dieser Entwicklungsphase gegenüber dem eigenen Verhalten und dem Verhalten anderer nach ihrem derzeitigen geschlechtsspezifischen Ordnungssystem sehr rigide und konservativ. So dulden Mädchen es oftmals nicht, wenn ein Junge in der Puppenecke des Kindergartens spielen möchte. Sie spielen quasi permanent eine „Geschlechterpolizei", die genau anmerkt, wann sich jemand nicht gemäß seiner Geschlechterrolle verhält.

Positive Bewertung der eigenen Geschlechterkategorie

Alle Verhaltensweisen und Dinge, die mit der eigenen Geschlechterkategorie zu tun haben, werden vom Kind grundsätzlich positiv bewertet, diese sind „richtig" in ihrem Ordnungsschema, sie „passen gut". Alles was mit dem anderen Geschlecht in Zusammenhang gebracht wird, wird abgewertet. Diese Bewertung beeinflusst das Verhalten von Jungen und Mädchen. Somit wählen sie beispielsweise Spielzeuge, Spielpartner/innen und Spiele aus, welche ihnen für ihre Geschlechterkategorie adäquat erscheinen.

Geschlechterkonstanz

Das Kind begreift im Alter von fünf bis sechs Jahren, dass das Geschlecht ein unveränderliches Merkmal ist. So begreift z. B. ein Mädchen, dass es ein Mädchen bleiben wird, auch wenn es sich als Junge verkleidet. Kohlberg nennt diese Einsicht die **Erlangung einer Geschlechterkonstanz**.

Das Kind lenkt seine Konzentration nun mehr selektiv auf geschlechtstypische Informationen über das eigene Geschlecht aus der Umwelt, bewertet sie als positiv und ahmt sie nach. Dadurch bestätigt es seine Geschlechtszugehörigkeit im Sinne einer sichernden kognitiven Konstanz. So wird das Selbstbild entsprechend des vorhandenen gesellschaftlichen Geschlechtsschemas angepasst. Das bereits erworbene Wissen um die geschlechtlichen Stereotype werden für das Kind als verbindlich wahrgenommen, sobald es die Geschlechterkonstanz erworben hat.

Kohlberg betrachtet die Entwicklung der Geschlechtsidentität in seinem Modell als eigene kreative Aktivität und Leistung des Kindes – im Gegensatz zur Theorie des sozialen Lernens (vgl. Kap. 3.8).

Stufen der Geschlechtsentwicklung nach Kohlberg:

1. Zuordnung des eigenen Geschlechts
2. Geschlechtszuordnung bei anderen
3. Wissen um Attribute/Tätigkeiten, die mit dem Geschlecht zusammenhängen = Stereotype
4. Hochbewertung des eigenen Geschlechts, Abwertung des Gegengeschlechts, Präferenzen für geschlechtsadäquate Tätigkeiten und gleichgeschlechtliche Personen
5. Geschlechterkonstanz = Verbindlichkeit, Identifikation mit gleichgeschlechtlichen Modellen

(Bischof-Köhler, 2002, S. 94)

Stufen der Geschlechtsrollenübernahme nach Kohlberg aus „Kindersicht":

1. „Ich bin ein Junge/ein Mädchen!"
2. „Andere Menschen sind Jungen/Männer oder Mädchen/Frauen!"
3. „Es gibt Sachen, die Jungen/Männer toll finden und machen und Sachen, die Mädchen/Frauen toll finden und machen!"
4. „Ich will als Mädchen das tun, was andere Mädchen und Frauen tun, weil das besser ist als das, was nur Jungen und Männer machen!"
5. „Ich bin ein Mädchen und werde immer ein Mädchen bleiben – auch noch wenn ich alt bin oder auch, wenn ich mich als Junge verkleide!" „Ich will als Mädchen das machen, was andere Mädchen und Frauen machen. Ihre Rollenvorschriften gelten auch für mich."

(Bischof-Köhler, 2002, S. 61)

Aufgaben

1. Kinderinterview

Interviewen Sie bitte mindestens ein Kind im Vorschulalter zu folgenden Fragen:
- Was spielst du am liebsten?
- Was spielen Mädchen am liebsten?
- Was spielen Jungen am liebsten?
- Spielst du im Kindergarten lieber mit Jungen oder mit Mädchen?
- Welche Hörspielkassetten hörst du besonders gerne?
- Als was willst du zum nächsten Faschingsfest gehen?
- Woran erkennst du, dass du ein Junge/ein Mädchen bist?

Halten Sie die Aussagen der Kinder (am besten sind die wortwörtlichen Formulierungen) direkt nach der Gesprächssituation fest. Notieren Sie auch das Geschlecht und Alter des Kindes.

Vergleichen Sie alle Ergebnisse innerhalb Ihrer Lerngruppe. Interpretieren Sie die Aussagen der Kinder anhand des Stufenmodells von Kohlberg. An welchen Stellen sehen Sie die Theorie bestätigt? An welchen Stellen nicht? Woran könnte ein Abweichen von der Theorie liegen?

2. Stellen Sie sich folgende Situation vor:
Frau Müller holt ihre Tochter Charlotte aus dem Kindergarten ab. Charlotte feiert in einer Woche ihren fünften Geburtstag. Frau Müller verteilt mit Charlotte an einige Kinder die Einladungskarten. Es sind ausschließlich Mädchen eingeladen. Frau Müller wendet sich an Sie: „Ich verstehe wirklich nicht, dass Charlotte nur Mädchen einladen will. Selbst ihren Nachbarsfreund möchte sie nicht dabeihaben. Sie will eine Fee-Party feiern, zu der absolut keine Jungen kommen dürfen. Früher war sie da ganz anders. Da hat sie ganz gerne mit Jungen gespielt. Sogar typische Jungenspiele manchmal. Das hat sich alles geändert. Sie wird so richtig mädchenhaft. Gestern beim Friseur hat sie sogar geweint und geschrien, dass ihre langen Haare nicht kürzer geschnitten werden sollen. Ich begreife einfach nicht, was auf einmal los ist!"

Wie würden Sie Frau Müller Charlottes mädchenspezifisches Verhalten erklären? Schreiben Sie Ihre Erklärung wortwörtlich auf, so als würde Frau Müller vor Ihnen stehen.

3. Stellen Sie sich folgende Situation vor:
Sie sind Praktikantin im Kindergarten und haben eine Gruppenaktivität geplant. Als es losgehen soll, äußert eine Mädchengruppe, die gerade in der Puppenecke spielt, dass sie nicht mitmachen möchte. Auf Ihre Frage nach dem Grund antwortet ein Mädchen: „Weil wir nicht mit den blöden Jungs etwas machen wollen."

- Wie fühlen Sie sich in diesem Moment?
- Wie ordnen Sie das Verhalten der Mädchen ein? Wie interpretieren Sie die Reaktion der Mädchen?
- Wie würden Sie reagieren? Begründen Sie Ihre Reaktion.

4. Beschreiben Sie schriftlich das Stufenmodell von Kohlberg zur Entwicklung der Geschlechtsidentität. Zeichnen Sie dazu eine Skizze in Form von Piktogrammen als individuelle „Gedächtnisstütze". Erläutern Sie anschließend einer Mitschülerin das Stufenmodell nach Kohlberg anhand Ihrer Zeichnung.

3.5 Entwicklung der Geschlechtsidentität im Grundschulalter (7–11 Jahre)

Ab dem siebten Lebensalter wissen Kinder, dass die weiblichen oder männlichen Genitalien den Unterschied der Geschlechter ausmachen. Da die Kinder nun die innere (Wünsche und Fantasien) und äußere Realität (Wirklichkeit und Aussehen) unterscheiden können, sind sie sich ihrer **Geschlechterkonstanz** sicher. Sie wissen, dass sie aufgrund ihrer unveränderlichen weiblichen oder männlichen Genitalien ein Junge oder Mädchen sind und bleiben bzw. im Erwachsenenalter ein Mann oder eine Frau werden.

Darüber hinaus wissen Kinder ab dem siebten Lebensalter eine Menge über gesellschaftliche Geschlechterstereotypen, wie etwa geschlechtstypische Kleidung, Berufsrolle oder Spielzeug. Nach und nach entwickelt sich auch das Wissen über die geschlechtstypischen Persönlichkeitseigenschaften.

Kinder im Grundschulalter erkennen, dass sich die Geschlechter nicht nur unterscheiden, sondern auch Gemeinsamkeiten haben. Sie bemerken, dass es auch viele Unterschiede zwischen den Menschen innerhalb einer Geschlechterkategorie gibt. Darüber hinaus wird ihnen klar, dass es neben geschlechtstypischen Merkmalen auch geschlechtsneutrale Merkmale gibt. Somit werden die Kinder im Grundschulalter flexibler und toleranter in ihren geschlechtsstereotypischen Einstellungen.

In diesem Alter ist die Geschlechterkategorie nicht mehr die einzige Basis, auf der die Kinder fremde Menschen hinsichtlich deren Vorlieben und Eigenschaften beurteilen. Sie sind in der Lage, auch weitere Informationen in ihren Urteilungsprozess mit einzubeziehen.

> *Festzuhalten ist, dass Kinder im Grundschulalter flexibler als im Kindergartenalter mit ihrer Geschlechterrolle, der von anderen und Geschlechterstereotypen an sich umgehen können. Dabei werten sie allerdings geschlechteruntypisches Verhalten anderer Kinder trotzdem als negativ (vgl. Trautner, 2002, S. 659 ff.)*

3.6 Entwicklung der Geschlechtsidentität in der Lebensphase der Adoleszenz

In der Lebensphase der Adoleszenz sind die Jugendlichen sehr mit ihrem Selbst und ihrer Persönlichkeit beschäftigt. Sie denken darüber nach, woher sie kommen, wer sie sind und wie ihr Leben verlaufen soll. Sie fragen sich, ob sie gut sind, so wie sie sind und wie sie von anderen Menschen beurteilt werden.

> *Der Auf- und Ausbau einer personalen Identität ist die zentrale Entwicklungsaufgabe in der Adoleszenz. Die Geschlechtsidentität ist ein Teil der personalen Identität.*

Mit der Lebensphase der Pubertät ist das Eintreten der sexuellen Reife, wie etwa das Einsetzen der Menstruation bei Mädchen, verbunden. Körperliche Geschlechtsunterschiede werden hormonell bedingt auffälliger. Mädchen sind den Jungen in der körperlichen Reife um ca. zwei Jahre voraus, wobei die individuellen Unterschiede enorm sind. Die Jugendlichen sind gezwungen, sich körperlich und psychisch an diese Veränderungen anzupassen bzw. mit ihnen umgehen zu lernen. Daher müssen sie sich mit (neuen) Themen beschäftigen wie der Akzeptanz ihres geschlechtlichen Körpers, dem Aufbau einer hetero- oder homosexuellen Orientierung, neuer Beziehungsformen zu Gleichaltrigen, ihrer Geschlechterrolle sowie der Berufswahl bzw. später auch der persönlichen Familienplanung.

Sich selbst beurteilen Jugendliche in der Regel durch „die Augen der anderen". Es ist ihnen besonders wichtig, wie andere – besonders gegengeschlechtliche Menschen – ihre Attraktivität beurteilen.

Festzuhalten ist, dass bei Jugendlichen weniger das Geschlecht eine Rolle spielt, sondern vielmehr Abgrenzungsmerkmale innerhalb der jeweiligen Gruppe, wie beispielsweise Musikgeschmack, Kleidung oder Sprachstil. Durch diese Abgrenzungsmerkmale entstehen gleich- und auch gemischtgeschlechtliche Gruppen. Diese haben für die Heranwachsenden eine identitätsstiftende Funktion: „Ich gehöre dazu!" (vgl. Trautner, 2002, S. 661 ff.).

3.7 Die Entwicklung der Geschlechtsidentität im jungen Erwachsenenalter

Zum Ausbau einer erwachsenen Geschlechtsidentität müssen sich die jungen Erwachsenen mit dem Leben in einer festen, dauerhaften Partnerschaft auseinandersetzen, mit dem Ausfüllen ihrer beruflichen Rolle sowie mit der Übernahme elterlicher Pflichten.

Durch Veränderungen der Geschlechterrollen müssen die Geschlechtsidentitäten mit neuen Inhalten gefüllt werden. So stellt sich heutzutage beispielsweise die Frage, ob der Vater sein Kind betreut, während die Mutter einer Erwerbstätigkeit nachgeht, oder umgekehrt. Möglicherweise kommt auch ein Teilzeitmodell infrage.

Aufgabe

Fertigen Sie in Form eines Bildes eine Übersicht an, welche die zentralen Entwicklungsaufgaben zum Aufbau der Geschlechtsidentität in den einzelnen Lebensabschnitten verdeutlicht (z. B. als „Lebenslinie", als Baum oder Haus).

3.8 Ausbildung geschlechtstypischer Verhaltensweisen nach der sozialen Lerntheorie

Die im Folgenden beschriebenen Erklärungsansätze zur Geschlechterdifferenz zählen zur wissenschaftlichen Fachrichtung der Psychologie. Sie beziehen sich auf die Entwicklung der Geschlechtsidentität eines Menschen.

3.8.1 Bekräftigungstheorie

Die Bekräftigungstheorie erklärt geschlechtstypisches Verhalten durch die Annahme, dass die Umwelt bewusste oder unbewusste geschlechtstypische Erwartungen an ein Kind hat, und ein Kind entsprechend dieser Erwartungen im eigenen Verhalten durch **positive Verstärkung** (Lob und Anerkennung gewünschter Verhaltensweisen) und **negativer Verstärkung** (Sanktionen bei nicht gewünschtem Verhalten) lernt, wie es sich angemessen „weiblich" oder „männlich" zu verhalten hat. Somit besagt die Bekräftigungstheorie, dass geschlechtstypisches Verhalten durch Belohnen und Bestrafen erfolgt. Aufgrund dieser geschlechtsspezifischen Muster von Bekräftigung nimmt die Geschlechtstypisierung generell im Laufe der Entwicklung zu bzw. wird gefestigt (vgl. Trautner, 2002, S. 668 ff.).

Je jünger Kinder sind, desto stärker orientieren sie sich an den Urteilen und Bewertungen ihrer Bezugspersonen. Je älter Kinder werden, desto mehr sind sie in der Lage, sich über die Urteile anderer Menschen hinwegzusetzen. In diesem Zusammenhang wird der Einfluss von Gleichaltrigen immer bedeutsamer.

3.8.2 Imitationstheorie

Die Imitationstheorie (auch als **Modelllernen** bezeichnet) von Alfred Bandura ist quasi eine Erweiterung der Bekräftigungstheorie. Sie befasst sich mit der Imitation ganzer Verhaltenskomplexe. Kinder suchen sich ein Modell, etwa eine Erzieherin, beobachten sie und ahmen sie nach. Die Beobachtung von weiblichen und männlichen Modellen regt die Mädchen und Jungen zu bestimmten Verhaltensweisen an – und die Bekräftigung ist ausschlaggebend dafür, ob sie dann auch ausgeführt werden. Bandura bezeichnet das Lernen durch Nachahmung auch „**identifikatorisches Lernen**", denn das Kind identifiziert sich mit seinem Modell.

Das Selbstbild des Menschen wird damit durch die Wahrnehmungsreaktionen der anderen – als eine Art Feedback auf gezeigte Eigenschaften und Verhaltensweisen – im starken Maße beeinflusst.

Die Imitationstheorie bezieht sich nicht nur auf die Imitation realer Modelle, wie etwa Eltern oder Erzieherinnen, sondern auch auf symbolische Modelle, wie beispielsweise Medienfiguren (vgl. Trautner, 2002, S. 669 ff.).

Prinzipiell kann jeder Mensch als Modell fungieren, jedoch sind Fürsorglichkeit, Status und Macht die wichtigsten Kriterien für die Identifikation (vgl. Bischof-Köhler, 2002, S. 55 ff.). Demnach ist die Wahrscheinlichkeit hoch, dass Mädchen sich die Erzieherin als Modell aussuchen und Jungen ggf. einen männlichen Erzieher.

Bischof-Köhler merkt an, dass Kinder sich höchstwahrscheinlich nicht nur auf die Beobachtung und Nachahmung gleichgeschlechtlicher Modelle beschränken, sondern auch Informationen über das Verhalten gegengeschlechtlicher Menschen sammeln (vgl. Bischof-Köhler 2002, S. 59). Diese Annahme bedeutet, dass die Erzieherin im Kindergarten sich bewusst darüber sein muss, dass sie auch für Jungen einen Modellcharakter hat.

3.9 Bindungsidentität und Trennungsidentität – zum psychoanalytischen Erklärungsansatz zur Entwicklung der Geschlechtsidentität

Im psychoanalytischen Erklärungsansatz steht die **psychosexuelle Identifikation** im Mittelpunkt.

Die bedeutsamen Dimensionen der Identitätsentwicklung sind:
- *Identifikation, Ähnlichkeiten erleben,*
- *Abgrenzung, Individualität und Verschiedenheit wahrnehmen,*
- *Kontinuität im Selbstempfinden.*

Erste Dimension „Identifikation und Ähnlichkeiten erleben"

Das geschlechtliche Erleben eines Säuglings ist zunächst undifferenziert, d.h. dass er in einer symbiotischen Bindung mit der Mutter lebt und sich die sinnlichen Wahrnehmungen, auf Herzschlag, Stimmlage, Gerüche und Körperformen konzentrieren. Bis etwa zum fünften Lebensmonat lebt der Säugling in dieser Symbiose. Er lebt in dieser Zeit in einem Zustand der Undifferenziertheit, was bedeutet dass der Säugling nicht zwischen der Innen- und Außenwelt unterscheiden kann und sich des Geschlechts noch nicht bewusst ist. Das subjektive Gefühl seines Selbst hat noch nichts mit seinem realen, biologischen Geschlecht zu tun. Das erste Erleben eines Menschen beruht demnach auf der Identifikation, dem Sich-eins-fühlen und der Ähnlichkeit mit der Bezugsperson Mutter.

Das erste Liebesobjekt eines jeden Menschen ist eine Frau. Dieses ist nach psychoanalytischer Ansicht auch der Fall, wenn sich eine männliche Bezugsperson von Geburt des Kindes an, um dieses kümmert. Aus biologischen Gründen wird er nicht die Intensität herstellen können, welche die Mutter durch ihre leibliche Bindung im Zuge der Schwangerschaft, der Geburt und des Stillens ermöglicht.

Bereits in dieser Phase macht der Säugling unbewusste geschlechtsspezifische Erfahrungen durch die Sinneswahrnehmungen über Vater und Mutter. So nimmt der Säugling beispielsweise wahr, dass die Mutter eine höhere Stimmlage als der Vater hat. Diese Erfahrungen sind in einem emotionalen Gedächtnis gespeichert.

Zweite Dimension „Abgrenzung"

Um sich als Individuum zu entwickeln muss sich der Säugling aus der Symbiose mit der Mutter lösen, also sich von ihr abgrenzen. Er muss die Unterschiedlichkeit seiner Bezugsperson im Vergleich zur eigenen Person wahrnehmen.

So beginnt etwa ab dem sechsten Lebensmonat ein Säugling seine Wahrnehmungserfahrungen zu differenzieren und merkt, dass er ein eigenes Wesen ist und seine Bezugsperson auch. Würde diese Dimension fehlen, wäre die Folge, dass das Kind in einer fatalen Symbiose mit der Mutter isolierend verharrt. Dieser Zustand könnte zu einer krankhaften Symbiose führen. Innerhalb des ersten Lebensjahres baut das Baby die Fähigkeit auf, Beziehungen einzugehen.

Die Erkenntnis, dass das Kind männlich oder weiblich ist, also die bewusste Geschlechterdifferenzierung, hat mit dem Erleben einer Grenze zu tun. Es gibt Unterschiede zwischen den Geschlechtern, die erkannt und akzeptiert werden müssen. So erkennen beispielsweise Mädchen, das sie keinen Penis haben – und niemals so unkompliziert im Stehen urinieren können wie ein Junge. Diese Gefühle des Mangels müssen Jungen und Mädchen gleichermaßen ertragen, denn jedes Geschlecht hat etwas, was das andere niemals haben wird. Dies bezieht sich nicht nur auf die biologischen Unterschiede der Geschlechter, sondern nach und nach erkennen die Kinder auch die sozialen Unterschiede, die mit ihrem Geschlecht verbunden werden. So wird es beispielsweise Mädchen zugestanden, sich zu schminken und bunte Kleider zu tragen und Jungen wird es eher erlaubt, sich lauten, wilden Spielen hinzugeben. Beeinflussend sind dabei die Reaktionen der Umwelt auf das Verhalten von Jungen und Mädchen und insbesondere die der Bezugspersonen, wie Vater, Mutter oder auch Geschwister. Die psychosexuelle Entwicklung des Mädchens ist eingebettet durch die bewussten und unbewussten Haltungen und Einstellungen der Eltern gegenüber der weiblichen und männlichen Geschlechterrolle. Diese spielen von Geburt an eine wesentliche Rolle, denn sie wirken bereits unbewusst auf das Kind ein (vgl. Mertens, 1996, S. 127 ff.).

Ab dem zweiten Lebensjahr wird das Kleinkind mobiler, beginnt sich (bereits) laufend die Welt zu erobern, bewegt sich eigenständig auf Entdeckungstouren durch die Wohnung und entfernt sich zeitweise von seiner Bezugsperson. Eine weitere Bezugsperson, wie beispielsweise der Vater, kann dem Kind helfen, sich von der Mutter zu lösen, sofern sie im klassischen Sinne die erste Bezugsperson des Kindes ist. Somit kann der Vater dem Kind Sicherheit geben und helfend zur Seite stehen, damit das Kind die Distanz zur Mutter aushalten und ausbauen kann.

Mädchen und Jungen werden sich über ihre Geschlechtszugehörigkeit klar und ahmen gleichgeschlechtliche Menschen nach. Das Erkennen des Geschlechts geht einher mit einer geschlechtsbezogenen Verarbeitung von Informationen und mit der Wahl geschlechtstypischer Aktivitäten, um zur eigenen Geschlechterkategorie sicher dazuzugehören (vgl. Walter, 2005, S. 197).

Bindungsidentität und Trennungsidentität

Mädchen haben es zunächst einfacher als Jungen hinsichtlich der Dimension der Identifikation. Durch die frühe Bindung zur Mutter haben sie von Anfang an die Möglichkeit, sich mit einem gleichgeschlechtlichen Menschen zu identifizieren. Deshalb wird hinsichtlich der Geschlechtsidentität von Mädchen in den psychoanalytischen Erklärungsansätzen von einer **Bindungsidentität** gesprochen. Dadurch müssen Mädchen sich nicht so deutlich von ihrer Mutter abgrenzen wie Jungen, die merken, dass sie nicht so sind wie ihre weibliche Bezugsperson, sondern anders. Aber wie?

Im Gegensatz zur Bindungsidentität von Mädchen lässt sich deshalb bei Jungen eine **Trennungsidentität** beschreiben. Jungen können sich nur trennend mit ihrer Mutter identifizieren, denn Männlichkeit kann in der weiblich geprägten Welt der Kleinkinder nur als das Gegenteil von Weiblichkeit definiert werden (Nicht-Frau = Mann). Die Identität des Jungen kann somit sozusagen als „Nicht-Nicht-Mann" definiert (vgl. Hagemann-White, 1984,

S. 91 ff.). Die bis zu diesem Zeitpunkt permanente Identifikation mit der Mutter bekommt einen plötzlichen Bruch. Der Zeitpunkt der Abgrenzung und Loslösung von der Mutter soll sich nach dieser Theorie im zweiten Lebensjahr des Kindes vollziehen.

Durch die oftmals fehlenden Identifikationsmöglichkeiten mit realen männlichen Bezugspersonen kann ein Junge nicht wissen, was es für ihn bedeutet, männlich zu sein. Aus diesem Grund muss er sich von allem Weiblichen abgrenzen (auch von den eigenen weiblichen Seiten) und sich männliche Identifikationsfiguren suchen. Die Abgrenzung der Jungen in ihrer Kleinkindwelt voller mächtiger Frauen ist nicht einfach. Oftmals suchen sich Jungen zur Hilfe Identifikationsmöglichkeiten durch Medienhelden wie etwa He-Man, die ein gesellschaftlich männliches Ideal verkörpern. Eine weitere Möglichkeit zur Abgrenzung von allem Weiblichen hin zum „Nicht-Nicht-Mann" besteht darin, dass Jungen das Gegenteil vom Weiblichen tun. Wenn z. B. die Mutter oder Erzieherin einem Jungen sagt, er solle leise sein, dann schreit dieser erst einmal richtig herum!

Im Kindergartenalltag lässt sich bei Jungen in dieser Phase oft ein Hin- und Herpendeln und eine Zerrissenheit zwischen dem Wunsch nach Nähe und Distanz zur Erzieherin beobachten. Während ein Junge beispielsweise zu einem Zeitpunkt sich sehr gegenüber der Erzieherin verschließt, nie das tut, was sie möchte, Gruppenaktivitäten stört und sie in keiner Weise an sich heranlässt, so wirkt er in einem späteren Moment wie ein kleines Kind, was Schutz, Trost und Verbindung bei der Erzieherin sucht.

„Und wie in der Beziehung zur Mutter geht jeder Schritt der Abgrenzung mit Angst vor Liebesverlust einher, was ihr Pendeln zwischen Nähe und Abgrenzung, zwischen Hilflosigkeit und Aggression zum Teil erklären kann."
(Rohrmann/Thoma, 1998, S. 124)

Dritte Dimension: „Kontinuität"

Die schwierige Aufgabe der Geschlechtsidentitätsfindung ist für Jungen wie auch für Mädchen, den Zustand der Kontinuität zu erreichen, in welchem sie sich ihrem Geschlecht und ihrer Rolle sicher sind, obwohl Ähnlichkeiten und Verschiedenheiten zu gleichgeschlechtlichen und gegengeschlechtlichen Menschen wahrgenommen werden.

Aufgaben

1. Überlegen Sie, welche männlichen Identifikationsfiguren Jungen im Kindergartenalter zur Verfügung stehen (z. B.: Vater, den sie erst abends oder am Wochenende sehen, Hausmeister im Kindergarten, Batman im Bilderbuch ...).
2. Überlegen Sie, welche weiblichen Identifikationsfiguren Mädchen in Kindergarten und Alltag zur Verfügung stehen (z. B.: Erzieherin, Raumpflegerin, Küchenhilfe, Pippi Langstrumpf im Bilderbuch, ...).
3. Erläutern Sie schriftlich und in eigenen Worten die Begriffe „Trennungsidentität" und „Bindungsidentität".
4. Malen Sie ein Bild oder fertigen Sie eine Zeichnung an, auf der Sie die drei Dimensionen Identifikation, Abgrenzung und Kontinuität in der Geschlechtsidentitätsentwicklung von Jungen und Mädchen verdeutlichen.

3.10 Störungen der Geschlechtsidentität

Alle Menschen verfügen über „weibliche" und „männliche" Denkweisen, Verhaltensweisen, Interessen und Fähigkeiten. So gibt es auch immer Kinder, die sich geschlechtsuntypisch äußern, wie etwa wenn ein Junge „pink" als seine Lieblingsfarbe nennt oder wenn ein Mädchen gerne Fußball spielt. Die Toleranzgrenze für als geschlechtsuntypisch geltende Verhaltensweisen hat sich im Laufe der Jahrzehnte verschoben. Die Grenzen sind individueller geworden. Zunächst liegt die Individualität der Grenzziehung bei den Bezugspersonen des Kindes, die dem Kind spiegeln, ob sein Verhalten toleriert bzw. gewünscht oder unerwünscht ist. So hat die eine Mutter kein Problem damit, wenn ihr Sohn mit Nagellack in den Kindergarten gehen möchte, während eine andere Mutter dies untersagt.

Es ist bei jüngeren Kindern nicht ungewöhnlich, wenn sie fantasieren, dass sie ein anderes Geschlecht hätten. So verkleiden sich im Vorschulalter Jungen manchmal wie Mädchen oder Mädchen sagen, sie wären gerne ein Junge. Mit zunehmendem Alter lassen diese Bestrebungen in der Regel nach. Hat sich ihre Geschlechtsidentität gefestigt, haben Kinder nicht mehr in dem Maße den Wunsch, mit gegengeschlechtlichen Verhaltensweisen zu experimentieren.

Wenn Kinder über diesen Zeitraum weit hinaus die tiefe Sehnsucht verspüren, zum anderen Geschlecht zu gehören oder dies von sich behaupten, dann geht dies möglicherweise über das Spielen und Experimentieren mit den gegengeschlechtlichen Verhaltensweisen hinaus und kann ein Zeichen dafür sein, dass die Geschlechtsidentität des Kindes gestört ist.

> *Hinweise auf eine Störung der Geschlechtsidentität bei Kindern liegen vor, wenn ein Kind über einen längeren Zeitraum als sechs Monate*
>
> - *intensiv den Wunsch äußert, zur anderen Geschlechterkategorie zu gehören und*
> - *fest davon überzeugt ist, zur anderen Geschlechterkategorie zu gehören und sich dementsprechend verhält und*
> - *eine extrem große Abneigung gegenüber Spielen, Spielzeug, Kleidung, Frisuren, Spielpartnern zeigt, die zu seinem Geschlecht gehören.*

Sind alle Anzeichen deutlich und intensiv wahrnehmbar, dann befindet sich das Kind in einem psychischen Zustand, in dem es gegengeschlechtlich sein möchte und diesen Wunsch aufgrund seines organischen Geschlechts nicht leben kann.

Störungen der Geschlechtsidentität sind psychologisch behandlungsbedürftig, denn das Kind hat einen großen Leidensdruck, weil es sein organisches Geschlecht nicht mit seinem Selbst in Einklang bringen kann.

Bei Jungen wird eine gestörte Geschlechtsidentität ca. siebenmal häufiger diagnostiziert als bei Mädchen. Dies liegt möglicherweise daran, dass die Toleranzschwelle bei geschlechtsuntypischem Verhalten von Mädchen gesellschaftlich höher ist als bei Jungen. So ist es gesellschaftlich sicherlich weniger sanktioniert, wenn ein Mädchen sich als Feuerwehrmann verkleidet, als wenn der Junge mit kleinen Zöpfen in den Kindergarten geht.

Die Ursachen von Geschlechtsidentitätsstörungen können vielschichtig und vielfältig sein. Familiäre Schwierigkeiten können die Störung begünstigen, z. B. wenn ein Elternteil an Depressionen erkrankt ist oder wenn das Kind sexuelle Übergriffe erlebt hat. Möglicherweise kann die Störung auch genetisch bedingt sein.

Einen Zusammenhang mit einer späteren homosexuellen Orientierung wurde nicht festgestellt (vgl. Gilbert, 2001, S.156 ff.).

Tipp

Film: „Mein Leben in Rosarot" von Alain Berliner. Belgien/ Frankreich/Großbritannien 1997, 88 Minuten.

Der Kinder- und Familienfilm handelt von dem siebenjährigen Ludovic, der gerne ein Mädchen sein möchte und daran glaubt, später eines zu werden. In der Geschichte wird beschrieben, wie seine Umwelt darauf reagiert und welche familiären Probleme dadurch auftauchen können. Der Film hat allerdings ein „Happy End".

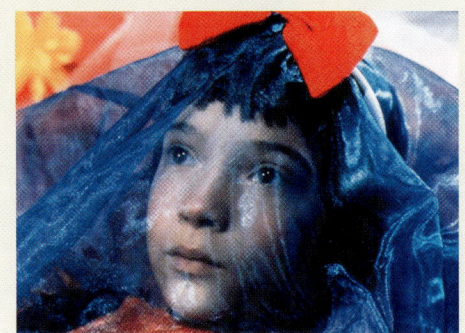

3.11 Wie sind die Erklärungsansätze zur Entwicklung der Geschlechtsidentität im Zusammenhang zu verstehen?

Die Entwicklung der Geschlechtsidentität bzw. deren Aufrechterhaltung ist das Ergebnis „eines komplexen Zusammenspiels biologischer, sozialer und individueller Entwicklungsbedingungen" im individuellen Lebenslauf des Menschen" (Trautner 2002, S. 656). Somit müssen die genannten Erklärungsansätze zur Geschlechterdifferenzierung bzw. zur Entwicklung der Geschlechtsidentität als miteinander verknüpft betrachtet werden.

Gesellschaftliche Einflüsse, äußere Bedingungen und innere biologische sowie entwicklungsbedingte Gegebenheiten wirken zusammen. In der menschlichen Entwicklung kann kein Vorgang ohne die dazugehörige Umwelt betrachtet werden. Selbst das Körperwachstum oder der Beginn der Monatsblutung bei jungen Frauen wird durch Umweltbedingungen mit beeinflusst.

„(...) äußere Einflüsse können nur dort wirksam werden, wo es innere Bereitschaften und Notwendigkeiten gibt, diese Einflüsse aufzunehmen. Dies gilt in besonderem Maße für die geschlechtsspezifische Entwicklung und Sozialisation."
(Rohrmann/Thoma, 1998, S. 49)

Im Anhang des Buches finden Sie ein Quiz zum Thema „Geschlechtsidentität", indem bisher Gelerntes zur Anwendung kommen kann (siehe S. 149).

3.12 Die Erzieherin als Modell und Identifikationsfigur von Jungen und Mädchen

> **Aufgaben**
>
> *Machen Sie sich zum Einstieg in das Thema Gedanken zu folgenden Fragen.*
>
> 1. *Welche Vorbilder hatten Sie als Kind oder Jugendliche? Gab es einen Abschnitt in Ihrem bisherigen Leben, in dem Sie einem Menschen besonders ähnlich sein wollten? Das können beispielsweise Erwachsene, andere Kinder, Geschwister, Popstars, Fernseh- oder Werbestars, Figuren aus Büchern oder Filmen sein, die Ihnen imponiert haben.*
> 2. *Was hat Sie an diesem Menschen zu dieser Zeit beeindruckt, damit er als Vorbild gewählt wurde?*
>
> *Tauschen Sie Ihre Gedanken in der Kleingruppe aus. Welche Gemeinsamkeiten und Unterschiede gibt es?*

In der Regel hatten bzw. haben alle Menschen Vorbilder. Diese wechseln je nach Lebensabschnitt. Ein Vorbild zu sein, bedeutet Kinder in ihrer Entwicklung anteilnehmend und positiv zu begleiten. Dies geschieht nicht durch moralische und erklärende Worte, sondern durch die Persönlichkeit des Vorbildes an sich.

Kinder orientieren sich an weiblichen und männlichen Erwachsenen, um herauszufinden, wie sie selbst als Frau oder Mann werden können. Sie lernen durch die Beobachtung gleichgeschlechtlicher und gegengeschlechtlicher Menschen sowie aus den ihnen angebotenen Modellen aus Büchern, dem Fernsehen, der Werbung usw. Zur Identifikation und zur Nachahmung sind reale, orientierende Vorbilder „aus Fleisch und Blut" für Jungen und Mädchen unentbehrlich. Durch die Imitation üben Kinder geschlechtstypisches Verhalten.

Besonders im Kindergartenalter sind Vorbilder zur Entwicklung der Geschlechtsidentität sehr bedeutsam, denn die hier gesetzten Impulse sind in diesem Entwicklungszeitraum für die Geschlechtsidentität wesentlich, es werden sozusagen die Weichen gestellt, in welcher Weise Jungen und Mädchen ihre Geschlechtsidentität ausbauen.

Im Kindergartenalter ist die Wahrscheinlich hoch, dass die Erzieherin von Mädchen als Modell zur Nachahmung (vgl. die soziale Lerntheorie des Imitationslernens) und als gleichgeschlechtliche Identifikationsfigur (vgl. den psychoanalytischen Erklärungsansatz) genutzt wird.

Eine Erzieherin ist im Gegensatz zu anderen von Kindern ausgewählten Vorbildern ein Vorbild im professionellen Sinne, denn sie ist bemüht, pädagogisch bewusst zu handeln.

Beispiel:
Ein Mädchen fürchtet sich vor einer Spinne, die im Zimmer ist. Die Mutter zuhause reagiert möglicherweise auch mit Furcht und lässt die Spinne von einer dritten Person entfernen. Die Erzieherin hingegen zeigt ihre Furcht (sofern vorhanden und sofern möglich) nicht, sondern geht vorbildlich mit der Situation um. Entweder fängt sie die Spinne und setzt sie im Garten aus oder sie greift die Situation im Sinne des entdeckenden Lernens auf und zeigt sich neugierig gegenüber dem Insekt. Möglicherweise beobachtet sie das Verhalten des Tieres, um mehr über es zu erfahren. Und am Ende zeigt sie dem Kind, wie eine Spinne (etwa mit einem Glas) gefangen werden kann und bringt sie in den Garten. (Dort könnte sie weiterbeobachtet werden).

Erzieherinnen sind Vorbilder für Jungen und Mädchen und „(...) liefern in täglichem Umgang Muster, an denen eigene Vorstellungen und Ideen zum eigenen Geschlecht entwickelt werden können" (Irmler, 2008, S. 10).

Eine Erzieherin hat zwar die Aufgabe, an ihrer Persönlichkeit zu arbeiten, d.h. persönliche Wahrnehmungen, Einstellungen und Verhaltensweisen sind zu reflektieren, aber sie ist auch kein „Übermensch". Sie ist nur überzeugend und damit wirksam für die Kinder, wenn sie „echt" und unverstellt ist. Dies bedeutet, dass sie **authentisch** bleiben sollte.

Jungen finden in der Realität weniger gleichgeschlechtliche Vorbilder in ihrem Alltag. Sie können daher sich vom weiblichen Modell abgrenzen, um männlich zu sein oder auf fiktive Idole aus der Medienwelt zurückgreifen. Aber auch sie können durch das Rollenverhalten der Erzieherin ihr Wissen über verschiedenste Frauenbilder erweitern.

Bedingt durch die männerarme Welt der Vorschulkinder greifen Jungen gerne zur Identifikation auf Helden zurück, die als Vorbild dienen. Diese können jedoch keinesfalls die Vorbildfunktion realer Männer ersetzen:

Merkmale realer Vorbilder:

- sie sind nah,
- sind wirkliche Männer,
- sind aus Fleisch und Blut,
- haben Stärken und Schwächen,
- können von Jungen in die Enge getrieben und überprüft werden,
- können sich verändern, wenn der Junge auf sie einwirkt,
- bieten Wärme und Zuwendung.

Merkmale fiktiver Vorbilder (Helden):

- sind fern,
- sind ein Schauspieler, Sänger, Comic-Held etc.,
- sind Medienprodukte,
- bleiben fern und unnahbar,
- bleiben starre Medienprodukte,
- beanspruchen Aufmerksamkeit, aber bieten keine Zuwendung.

(vgl. Kaiser, 2005, S. 32)

Fasst man das bisher Gesagte zusammen, so benötigen Kinder im Kindergarten viele unterschiedliche männliche und weibliche Vorbilder. Erst dann haben Jungen und Mädchen die Möglichkeit, ihnen entsprechende Verhaltensweisen als Modell auszuwählen und eine Vorstellung zu entwickeln, wie sie ihre individuellen Geschlechterrollen leben möchten.

Die Erzieherin sollte sich daher fragen, welches Frauenbild sie in ihrer weiblichen Rolle den Kindern gegenüber verkörpert.

Natürlich ist keine Erzieherin in der Lage, gleichzeitig viele gleich- und gegengeschlechtliche Modelle anzubieten, jedoch sollte sie darauf achten, Vorbilder und Modelle in die Gruppe zu holen.

Beispielsweise durch:

- Vorstellen unterschiedlicher Modelle in Bilderbüchern,
- Einladen von Männern und Frauen in den Kindergarten (beispielsweise einen Vater, der Hausmann ist oder eine Mutter, die Tischlerin ist),
- Besuche von Männern und Frauen mit der Kindergartengruppe (beispielsweise eine Mutter, die Tierärztin ist),
- Kontakte mit älteren Menschen, die aus ihrem Leben erzählen (beispielsweise der Opa eines Kindes).

Aufgaben

1. Sammeln Sie Ideen, wie Aktivitäten gestaltet werden können, durch die Väter in den Kindergarten kommen, um sich aktiv zu beteiligen.

2. Planen Sie in einer Kleingruppe eine exemplarische Aktivität. Gestalten Sie dazu ein Einladungsschreiben. Stellen Sie anschließend Ihre Ideen in der Klasse vor.

3. Vorbild kommt von Bild. Betrachten Sie ein aktuelles mitgebrachtes Foto von sich. Nehmen Sie sich für die Beantwortung folgender Fragen viel Ruhe und Zeit. Notieren Sie Ihre Antworten.

- Sind Sie ein lebensbejahendes Vorbild für Mädchen und Jungen?
- Was für Stärken haben Sie, die den Jungen und Mädchen als Vorbild dienen können?
- Haben Sie mehr zu bieten als die Vorbilder aus den Medien?
- Wenn ja, was genau?
- Haben Sie Seiten, die Sie noch stärken wollen, um Jungen und Mädchen ein gutes Vorbild zu sein?
- Wenn ja, welche beispielsweise?

4. Alle Schülerinnen sollen nun ihr eigenes Foto auf ein DIN-A4-Papier kleben und die Überschrift „ …(Name) als Vorbild – Diese Stärken nehme ich an dir wahr …" aufschreiben. Alle sollen nun ihr Plakat im Klassenraum verteilt aufhängen. Jede Schülerin bekommt einen Stift und ca. 20 Minuten Zeit, um im Raum umherzugehen und auf jedes Papier das zu schreiben, was ihr zur jeweiligen Mitschülerin einfällt.

Jana als Vorbild –
Diese Stärken nehme ich an dir wahr:

offen
hilfsbereit
bewegungsfreudig

Anschließend nimmt jede Schülerin ihr Plakat und vergleicht die Fremdeinschätzung mit ihrer Selbsteinschätzung. Verständnisfragen sollten im Plenum beseitigt werden.

5. Wenn Sie an Ihre Praktikumserfahrungen denken …
   - Welche Vorbilder, Modelle und Identifikationsmöglichkeiten gab es in dieser Gruppe für Jungen? Welche für Mädchen?
   - Gab es Ihrer Meinung nach ausreichend Modelle zur Orientierung bei der Entwicklung der Geschlechtsidentität für Mädchen und für Jungen?
   - Wenn nicht, an welchen Stellen war ein Mangel?
   - Wie könnte dieser Mangel ausgeglichen werden? (Sammeln Sie praxisrelevante Ideen.)

Vergleichen Sie die Ergebnisse innerhalb Ihrer Lerngruppe. Tauschen Sie Ihre Ideen aus und schreiben Sie diese auf.

3.13 Identifikationsmöglichkeit durch den eigenen Namen

Die erste geschlechtsspezifische Zuordnung eines Neugeborenen geschieht anhand des Vornamens. Der Vorname lässt auf das Geschlecht des Kindes schließen und ist ein lebenslängliches, individuelles Erkennungsmerkmal eines jeden Menschen.

Der Name wird von den Eltern bzw. dem Sorgeberechtigten bestimmt. Er wird rechtlich nur dann akzeptiert, wenn er eindeutig weiblich oder männlich ist. Bei geschlechtsneutralen Namen muss ein geschlechtlich eindeutiger Zweitname hinzugefügt werden.

Seit dem 12./13. Jahrhundert bestehen neben den Vornamen auch Familiennamen. Der Familienname wurde vom Vater auf den Sohn übertragen, der damit den Besitz des Vaters erben konnte. In dieser Erbfolge kamen Mädchen nicht vor. Sie mussten einen Mann heiraten, der ja Besitz hatte und erhielten mit der Heirat den Familiennamen des Mannes. Wenn eine Familie lediglich weibliche Kinder hatte, dann ging ihr Familienname konsequenterweise verloren. Frauen wurden also stets durch ihre Männer (oder Väter) definiert. So wurden sie beispielsweise respektvoll angesprochen, wenn ihr Mann gut gestellt war oder eher abwertend, wenn ihr Mann über wenig Besitz und Reichtum verfügte. Dies ist auch noch heutzutage im Alltag zu finden, wenn etwa die Ehefrau eines Arztes als „Frau Doktor" betitelt wird, auch wenn sie selbst vielleicht keinen erlernten Beruf hat. Es ging zu damaliger Zeit also nicht um eine romantische Ehe, sondern bei der Heirat vielmehr um die wirtschaftliche Versorgung von Frauen.

Mit der Heirat und einem damit verbundenen neuen Familiennamen musste die Frau sich mit diesem neu identifizieren und alles, was sie bis dahin mit ihrem „Mädchennamen" verbunden hatte, geriet in Vergessenheit.

Die **Familiennamenregelung** wurde gesetzlich im Jahre 1992 durch das Bundesverfassungsgericht in Karlsruhe geändert. Diese Änderung basierte auf der Unvereinbarkeit dieser Namenstradition mit dem im Grundgesetz festgeschriebenen Prinzip der Gleichstellung von Mann und Frau. Von da an konnten die Eltern entscheiden, ob ihr Kind den Familiennamen der Mutter oder den des Vaters bekommen sollte. 1994 wurde das neutrale Namensrecht eingeräumt. Weil heutzutage oftmals weder Frauen noch Männer bereit sind, ihre Namensidentität aufzugeben, wird dieses Problem mit Doppelnamen gelöst. Verpflichtend ist allerdings ein gemeinsamer Familienname, der für alle Kinder eines Ehepaares gilt.

Sowohl Vor- als auch Nachnamen sind identitätsstiftend. Da sie mit dem Geschlecht des Kindes zu tun haben, betrifft die Identifikation mit dem eigenen Namen auch die Geschlechtsidentität.

Zu nahezu jedem Namen lassen sich Herkunft und Bedeutung recherchieren, z. B. durch ein Namenslexikon. Daneben lassen sich zu den meisten Vornamen auch bedeutsame Menschen der Vergangenheit finden, die zur Identifikation beitragen können. Diese Recherche finden auch Jungen und Mädchen im Vorschulalter interessant (vgl. Walter, 2005, S. 32 ff.).

Top-10-Liste der am häufigsten gewählten weiblichen Vornamen

	1980 (BRD)	1990 (BRD)	2008 (Stand vom 01.07.08)
1.	Julia	Julia	Leonie/Leoni
2.	Katrin	Sara/Sarah	Hanna/Hannah
3.	Stefanie	Jennifer	Mia
4.	Melanie	Katarina/Katharina/Catarina/Catharina	Lena
5.	Sandra	Lisa	Anna
6.	Nicole	Christina	Lea/Leah
7.	Anja	Jessica	Emiliy/Emilie
8.	Nadine	Anna	Lara
9.	Christina	Melanie	Emma
10.	Sabrina	Laura	Sara/Sarah

(vgl. www.beliebte-vornamen.de, Abruf: 25.10.2008)

Top-10-Liste der am häufigsten gewählten männlichen Vornamen:

	1980 (BRD)	1990 (BRD)	2008 (Stand vom 01.07.08)
1.	Christian	Jan	Leon
2.	Sebastian	Tobias	Lukas/Lucas
3.	Michael	Christian/Kristian	Luca/Luka
4.	Stefan/Stephan	Alexander	Tim/Timm
5.	Jan	Daniel	Finn/Fynn
6.	Daniel	Patrick	Jonas
7.	Martin	Dennis	Felix
8.	Dennis/Denis	Sebastian	Luis/Louis
9.	Alexander	Marcel	Paul
10.	Thomas	Philip/Phillipp/Phillip/Phillipp	Maximilian

(vgl. www.beliebte-vornamen.de, Abruf: 25.10.2008)

Aufgabe

Recherchieren Sie die Herkunft und die Bedeutung Ihres Vornamens und Ihres Familiennamens.

- Nehmen Sie dazu ein Lexikon oder entsprechende Informationen im dem Internet zur Hilfe.
- Wenn Sie die Möglichkeit haben, dann fragen Sie Ihre Eltern oder Verwandte, warum Sie genau diesen Namen für Sie gewählt haben. Möglicherweise gibt die Antwort Aufschluss über geschlechtsspezifische Erwartungen, die andere an Sie hatten, noch bevor Sie selbst begreifen konnten, ob sie männlich oder weiblich sind.
- Falls Sie selbst Mutter sind: Wieso haben Sie ihrem Kind diesen Namen gegeben?
- Wenn Sie sich ein Kind wünschen: Welchen Namen würden Sie ggf. auswählen?

4 Geschlechtsspezifische Sozialisation

In diesem Kapitel erwerben Sie folgende Kompetenzen:

- Grundlagenwissen über die Bedeutung der Sozialisation für die Entwicklung der Geschlechtsidentität von Jungen und Mädchen
- vertiefende Kenntnisse hinsichtlich der Wirkung relevanter Sozialisationsinstanzen auf die Geschlechtsidentität und das Rollenverhalten von Kindern

4.1 Der Begriff „Sozialisation"

Als **Sozialisation** werden alle Prozesse verstanden, in deren Verlauf Menschen sozial und somit ein Teil der Gemeinschaft werden. Dabei geht es (im Gegensatz zum Begriff der Entwicklung) um äußere Einflüsse, die auf den Menschen einwirken. Gesellschaftliche Einflüsse sind neben denen der Bezugspersonen und anderer Menschen auch die kulturellen, materiellen, medialen und gesellschaftlichen Einflüsse (vgl. Rohrmann/Thoma, 1998, S. 103). Sozialisation ist ein aktiver Prozess, in dem Menschen sich mit den Bedingungen ihrer Umwelt auseinandersetzen und sich diese aneignen. Ein **Sozialisationsprozess** ist niemals abgeschlossen. Er beginnt bereits in der vorgeburtlichen Phase des Lebens und endet erst mit dem Tod eines Menschen.

Beim Prozess der Sozialisation greifen individuelle und soziale Faktoren zusammen und bedingen sich gegenseitig. Es bestehen immer Wechselwirkungen zwischen Kind und Umwelt, die den Menschen einzigartig zu dem machen, der er ist. So ist es etwa bedeutsam für den Entwicklungs- und Sozialisationsprozess, ob ein Mensch männlich oder weiblich ist, unter streng religiösen Regeln aufwächst, in Armut oder Reichtum lebt, in einer Großstadt oder auf dem Land lebt etc.

Mädchen eignen sich im Prozess der Sozialisation „Weiblichkeit" und Jungen „Männlichkeit" an. Aus der Umwelt (der Kultur der Zweigeschlechtlichkeit, vgl. Kap. 1) erhalten die Kinder viele geschlechtsspezifische Informationen, die ihnen hinsichtlich der Geschlechterrollenübernahme Orientierung bieten und sie in gewisser Weise aber manipulieren. Mädchen und Jungen durchlaufen somit unterschiedliche Sozialisationsprozesse.

Die Sozialisationsinstanz „Kindergarten" bietet sich im besonderen Maße zur geschlechtsbewussten Pädagogik an, um Kindern die Möglichkeit zu bieten, gesellschaftliche Rollenklischees nicht weiter zu verfestigen, weil

- der Kindergarten als erste außerfamiliäre Sozialisationsinstanz nahezu alle Kinder im Vorschulalter erreicht,
- auch die Eltern der Kinder durch die im Kindergarten obligatorische Elternarbeit erreicht werden,
- Kindergärten koedukative Einrichtungen sind, in denen die Möglichkeit besteht, geschlechtstypisches Verhalten wahrzunehmen und zu hinterfragen. Die Kinder können sich in ihren Geschlechterrollen unter Gleichaltrigen ausprobieren.

4.2 Sozialisationsinstanzen beeinflussen die Entwicklung der Geschlechtsidentität

Im Folgenden werden Sozialisationsinstanzen, die auf Jungen und Mädchen Einfluss nehmen, näher betrachtet.

4.2.1 Eltern

Der Einfluss der Eltern auf die Sozialisation des Kindes ist nicht auf den ersten Blick sichtbar. Mütter und Väter haben selbst eine geschlechtstypische Sozialisation durchlebt und geben in der Regel unbewusst ihre geschlechtsspezifischen, verinnerlichten Einstellungen an ihre Tochter oder ihren Sohn weiter. Die Wahrnehmung, Erwartungshaltung und Behandlung des Kindes, ist abhängig davon, ob es sich um einen Sohn oder eine Tochter handelt (vgl. Hagemann-White, 1984, S. 50).

So kleiden Eltern Söhne beispielsweise anders als Töchter oder richten das Kinderzimmer einer Tochter anders ein als das eines Sohnes. Auch der Spielzeugkauf wird vom Geschlecht des Kindes beeinflusst, denn Eltern schenken ihren Kindern überwiegend geschlechtsspezifisches Spielzeug. Es kommt natürlich auch vor, dass ein Junge „Mädchenspielzeug" wie etwa eine Puppenküche geschenkt bekommt, jedoch wurde beobachtet, dass Eltern ihr Kind mehr zu geschlechtstypischen Spielen ermuntern. Geschlechtsuntypische Spiele werden meist mehr oder weniger toleriert. Ein Kind kann vielfältiges Spielzeug haben. Es hängt auch von der elterlichen Ermunterung und Zuwendung ab, wie intensiv es damit spielen wird. Und Kinder spüren, ob die Ermunterung und Teilnahme am Spiel seitens der Eltern authentisch und echt ist oder pädagogisch motiviert und eher unecht (vgl. Gilbert, 2001, S. 111 ff.).

Studien belegen, dass es einen Unterschied in der Art und Weise gibt, in der Mütter und Väter mit Söhnen oder Töchtern spielen. So spielen Väter oftmals ausgelassener und bewegungsorientierter mit Söhnen, während Mütter schon von Geburt an generell mehr mit Töchtern spielen. Auch dies beeinflusst die Vorlieben der Kinder für bestimmte Spiele und Aktivitäten (vgl. Gilbert, 2001, S. 111 ff.). Eltern kommunizieren mit Söhnen anders als mit Mädchen. Beispielsweise wird mit Töchtern mehr gesprochen und häufiger direkter Augenkontakt gesucht und gehalten (vgl. Gilbert, 2001, S. 35).

> *Beispiele:*
> *Wenn ein Junge es von Geburt an gewohnt ist, dass er vom Vater spielerisch „durch die Luft gewirbelt wird", dann wird es ihm nicht schwerfallen, Freude an bewegungsorientierten Spielen zu finden, wie etwa Fußball spielen oder klettern.*
>
> *Wenn ein Mädchen von Geburt an ein Spielen gewöhnt ist, bei dem viel kommuniziert wird, wie etwa Fingerspiele oder Rollenspiele mit Puppen, dann wird es ihm später leichtfallen, Freude an weiteren kommunikativen beziehungsorientierten Spielen zu haben, wie beispielsweise „Mutter und Kind" oder „Barbie".*

Diese Spielregeln (im wahrsten Sinne des Wortes) gelten zunächst für den Bereich „Familie". Es ist durchaus möglich, dass ein Mädchen zuhause viel und gerne mit Bauklötzen spielt und im Kindergarten überhaupt nicht.

In Situationen, in denen ein Kind eine Herausforderung bewältigen muss, greifen Eltern bei Töchtern schneller ein als bei Söhnen. So helfen Eltern der Tochter schneller, wenn sie beispielsweise nicht sofort über den Zaun klettern kann.

Die Familiensituation bzw. die Geschlechterrollen der Eltern lassen sich in Rollenspielen der Kinder im Kindergarten beobachten. Dort spielen die Kinder das nach, was sie von Zuhause kennen. Besonders uninteressant können diese Spiele für Jungen ausfallen, wenn die Akteure aus Familien mit traditionellen Geschlechtsrollenverhältnissen kommen.

> *Beispiel:*
> *Pia und Emma spielen in der Puppenecke „Mutter und Kind" mit der Babypuppe. Die Puppe wurde ins Bett gebracht und nun kocht Emma Kaffee für sich und Pia. Jens kommt dazu und möchte mitspielen. Die Mädchen stimmen zu und Emma sagt: „Okay, dann rufe ich dich, wenn ich den Kaffee fertig gekocht habe!" Jens wartet. Emma ruft ihn und sie trinken Kaffee. Pia sagt zu Jens: „Und jetzt musst du zur Arbeit gehen und darfst wiederkommen, wenn es dunkel ist!" Sie drückt ihm eine Tasche in die Hand und schiebt ihn aus der Puppenecke. Pia und Emma spielen „abwaschen" und dann wacht das Baby auch schon auf ...*

Die stereotypischen Geschlechterbilder, die Jungen und Mädchen im Kindergarten nachahmen, sind jedoch nicht immer durch das Vorbild der Eltern geprägt. Selbst wenn ein Mädchen in einem familiären Umfeld aufwächst, in dem der Vater sich um das Kind und den Haushalt kümmert und die Mutter erwerbstätig ist, wird das Mädchen in der Regel das gesellschaftlich traditionelle Rollenbild durch weitere Sozialisationsinstanzen kennen und dieses auch verkörpern wollen. Im Zuge der Selbstkategorisierung „Ich bin ein Mädchen!" oder „Ich bin ein Junge" suchen Kinder sich alles Verfügbare, was zu ihrem Geschlecht „männlich" oder „weiblich" passt und ahmen dies nach (vgl. Kap. 3.4). Diese Geschlechterstereotype können die Kinder jedoch auf Nachfragen („Wäscht ein Mann denn niemals das Geschirr ab?" oder „Sind denn alle Männer groß und kräftig?") relativieren.

4.2.2 Gleichaltrige

Kinder im Kindergartenalter verhalten sich gemäß der Geschlechterstereotype sehr intolerant. Sie spielen permanent „Geschlechterpolizei" und maßregeln Kinder, die sich geschlechtsuntypisch verhalten. Dieses „Bestrafen" bzw. Ausgrenzen aus der Geschlechterkategorie hat Konsequenzen.

> *Beispiel:*
> *Jan trägt gerne die alten Sandalen seiner älteren Schwester. Im Sommer kommt er in diesen Sandalen in den Kindergarten. Eine kleine Gruppe von Jungen bemerkt seine Schuhe und Phillip ruft: „Die sind doch für Mädchen!" Die Jungen lachen. Jan will seine Sandalen nicht mehr im Kindergarten tragen.*

Gleichaltrige haben einen erheblichen Einfluss auf das Kind. Bereits im Kindergarten besteht eine **Form des Gruppendrucks**, der sich in dieser Phase nicht etwa auf „Markenkleidung" bezieht, so wie man es von Jugendlichen kennt, sondern auf geschlechtskonformes Verhalten. In der sozialen Rangordnung einer Gruppe können die Kinder durch „richtiges" Geschlechterverhalten aufsteigen.

Kindergartenkinder, die ihr Geschlechtsbewusstsein entwickelt haben, spielen meist in gleichgeschlechtlichen Gruppen. Oft bildet sich in einer Kindergartengruppe „die Jungengruppe" und „die Mädchengruppe". Die Geschlechtszugehörigkeit ist in dieser Entwicklungsphase der Kinder für die Auswahl der Spielgefährten und Gruppenbildungen das ausschlaggebende Kriterium. Weitere Unterscheidungsmerkmale, wie beispielsweise ethnische Herkunft eines Kindes, spielen eine weniger wichtige Rolle. Beim gemeinsamen Frühstück im Kindergarten wird bei freier Platzwahl deutlich, dass die Kinder von sich aus Jungen- und Mädchentische bilden.

Im Kindergarten lassen sich teilweise unterschiedliche Spielstile von gleichaltrigen Jungen und Mädchen beobachten, wie etwa das Bauen mit Legosteinen der Jungen und das Malen der Mädchen. Dieses unterschiedliche Spielverhalten ist als Ursache aber auch als Folge der geschlechtsspezifischen Sozialisation zu betrachten.

Die Unterschiede innerhalb der Geschlechtergruppen sind ebenso groß. Zu erwähnen ist dabei jedoch auch, dass es neben den typischen Mädchenspielen und den typischen Jungenspielen auch viele Spiele gibt, die beide Geschlechter sehr gerne spielen, wie z. B. Schaukeln, Dreiradfahren oder Puzzeln.

4.2.3 Geschwister

Der Einfluss von Geschwistern auf Jungen und Mädchen ist sehr unterschiedlich. Frauen, die mit einer älteren Schwester aufgewachsen sind, sind meist femininer, während Frauen, die mit älteren Brüdern aufgewachsen sind, maskuliner wirken. Kleine Geschwister orientieren sich an den älteren Geschwistern. Diese haben dabei mehr Einfluss auf geschlechtsspezifisches Verhalten als die Eltern.

Der Einfluss von Geschwistern auf ein Kind ist abhängig von der Anzahl der Geschwister, ihrem Geschlecht und dem Lebensalter: Hat eine Familie einen Sohn und eine Tochter, dann ist die Wahrscheinlichkeit groß, dass das jüngere Kind der beiden sich weniger geschlechtstypisch verhält. In Familien, in denen es viele Jungen und Mädchen gibt, ist die Beeinflussung komplizierter, denn die Kinder versuchen, ihre persönliche Identität zu finden und ahmen nicht den Bruder oder die Schwester nach bzw. haben zu Hause mehr Auswahl an geschlechtsspezifischen und geschlechtsneutralen Spielzeugen. Kinder aus Großfamilien spielen oftmals mit geschlechtsneutralen Spielsachen, wie etwa mit Puzzles oder Playmobil. In Familien mit mehr als drei gleichgeschlechtlichen Kindern kommt es häufig vor, dass die/der Jüngste sich geschlechtsuntypisch verhält, um sich von den anderen abzugrenzen. So kann die Jüngste dreier Schwestern ein „Wildfang" sein oder der jüngste Bruder von drei Jungen ein fürsorglicher, einfühlsamer Junge werden (vgl. Gilbert, 2001, S. 115).

4.2.4 Medien

Medien wie etwa Bücher, Fernseher, DVDs oder Hörspiele nehmen einen Platz im Leben aller Kinder ein. Selbst wenn eine Familie keinen Fernseher besitzt, so können Medien in unserer Gesellschaft nicht ignoriert werden. Sie sind im Leben eines Menschen in unserer Kultur so bedeutsam, dass sie als **eigenständige Sozialisationsinstanz** betrachtet werden können.

Medien können die Kinder darin unterstützen, ihre dingliche und soziale Welt zu ordnen und sich mit ihr zu beschäftigen. Ein Bilderbuch vom Bauernhof beispielsweise tut das auf andere Weise als die „lila Kuh" im Werbefernsehen. Das Bilderbuch ordnet die Tiere nach Tierarten und erweitert den Wortschatz des Kindes. Darüber hinaus können Medien für Kinder auch hilfreich sein, ihre innere Welt, also Gefühle und Fantasien und Wünsche wahrzunehmen und zu ordnen. Zudem sind Medien als Unterhaltung integrativ zwischen Menschen, indem verschiedene Menschen etwa dieselben Medienhelden bevorzugen (vgl. bildungsklick.de, 2007).

Medien spiegeln die geschlechtsspezifischen Erwartungen an das männliche und das weibliche Rollenbild. So werden Kinder permanent mit Geschlechterstereotypen bedrängt. Männliche Medienhelden, wie etwa Spiderman vermitteln oft ein übersteigertes Männerklischee, genauso wie weibliche Medienfiguren wie z. B. Prinzessin Lillifee oder Barbie ein überzogenes weibliches Bild zeigen. Kinder identifizieren sich jedoch mit ihren geschlechtstypischen Medienhelden und -heldinnen.

Aufgaben

Machen Sie sich Notizen zu folgenden Fragen. Vergleichen Sie die Ergebnisse anschließend im Plenum:

1. Welche Medienhelden kennen Sie aus Ihrer Kindheit?
2. Was haben diese Figuren verkörpert? Was hat Ihnen besonders gut an Ihnen gefallen?
3. Welche Medienhelden stehen Kindern heutzutage zur Verfügung?
4. Was verkörpern die männlichen Helden?
5. Was verkörpern die weiblichen Helden?
6. Suchen Sie sich einen Medienhelden oder eine Medienheldin aus und gestalten Sie eine Kontaktanzeige ähnlich der unten aufgeführten. Lesen Sie die Anzeigen anschließend in der Gruppe vor und lassen Sie Ihre Mitschülerinnen raten, um welchen Helden oder welche Heldinnen es sich handelt.

(Tipp: Informationen zu bekannten Medienhelden erhalten Sie im Internet in der freien Enzyklopädie Wikipedia.)

Weltraumerfahrener Mann in der Blüte seines Lebens sucht attraktive Frau!
Ich bin aus Hartplastik, sehr muskulös, aber dennoch schlank. Ich bin sehr abenteuerlustig und meine Hobbys sind Kämpfen, Schlagen und Boxen, meine Waffensammlung und meine Fahrzeugsammlung. Mein Wunsch ist es, die Welt zu retten. Eigentlich brauche ich keine Frau an meiner Seite, aber ganz nett wäre es schon, wenn mir in einer Kampfpause eine Flasche Wasser gereicht würde.

Interessiert? Dann komme vorbei, denn ein Handy besitze ich nicht.

In der Regel beschränken sich die Medien im Kindergarten auf Bilder- und Vorlesebücher. Filme und Hörspielkassetten werden von den Kindern zu Hause konsumiert. Trotzdem sind Inhalte dieser Medienerlebnisse auch im Kindergarten, denn Kinder bringen ihre „Medienspuren" mit in den Kindergarten. So erzählen sie sich beispielsweise Filminhalte oder spielen sie nach. Im Freispiel werden Medienerfahrungen von Kindern deutlich. Jungen integrieren in ihre Spiele besonders Medienerlebnisse, die mit Abenteuer und Action einhergehen. Mädchen spielen oftmals mit und nehmen auch die Rollen ein, welche die Medien ihnen zugedacht haben. Somit werden Mädchen in den Spielen beispielsweise bedroht, gefangen und gerettet. Ansonsten spielen sie das nach, was die Medien ihnen für ihre Rolle auch noch bieten: Balletttänzerin und Prinzessinnen oder realistische Alltagssituationen aus dem Familienleben (vgl. Focks, 2002, S. 60).

Filme und Hörspiele werden von Eltern teilweise zum „ruhig stellen" der Kinder benutzt. Dies zeigt sich beispielsweise am Bewegungsdrang und der Lautstärke, die Kinder am Montagmorgen nach einem Wochenende zu Hause an den Tag legen. Ideal wäre es, wenn Eltern die Medienerziehung ihrer Kinder aktiv begleiteten. Dazu gehört dann auch die kritische Reflexion der in den Medien vermittelten Frauen- und Männerbilder.

Medienbezogenes Spielzeug

Oftmals bringen Kinder medienbezogenes Spielzeug in den Kindergarten mit. An diesem erkennt man deutlich die Geschlechtsbezogenheit der Medien, denn es sind die Jungen, die kämpferische Helden wie Batman mitbringen, während Mädchen sich z. B. von Lillifeefiguren begleiten lassen. Medienbezogenes Spielzeug der Jungen, wie etwa eine Kampfausrüstung oder Actionfiguren, hat eine ähnliche Funktion wie Kuscheltiere oder Puppen für die Mädchen. So dienen die hier beschriebenen Spielsachen oftmals als eine Art Übergangsobjekt für das Kind. Das bedeutet, dass diese Dinge Kindern Sicherheit geben, weil sie etwas Vertrautes von Zuhause dabeihaben, was tröstend wirkt. Während Mädchen oft weiche, kuschelige Tröster, z. B. ihr Kuscheltierpony dabeihaben, nehmen Jungen eher „harte Tröster" wie Actionfiguren mit. Auch sogenannte „Handhelds" (wie etwa der Gameboy), die mitgebracht werden, können die Funktion eines „harten Trösters" haben.

Jungen und Mädchen identifizieren sich mit ihren Medienspielfiguren. Ein Junge möchte sich beispielsweise durch Spiderman beschützt fühlen und ein Mädchen möchte genauso hübsch und mächtig sein wie Xena aus „Sailor Moon". Die Wahl eines bestimmten Medienspielzeugs bietet viele Informationen über Wünsche, Ängste, geschlechtstypische Vorstellungen und Rollenbilder der Jungen und Mädchen.

Bilderbücher

In jeder Kindergartengruppe ist das Medium Bilderbuch zu finden. Bilderbücher bilden einerseits die Außenwelt (reale) Welt des Kindes ab, andererseits aber auch seine innere Welt (Fantasien, Wünsche). In der Darstellungsweise der Außenwelt spiegeln sich zwangsläufig immer die Geschlechterverhältnisse wider.

In vielen Kinderbüchern älteren Erscheinungsdatums (aber auch in neueren) sind die traditionellen Geschlechterverhältnisse dargestellt:

- Jungen werden tendenziell aktiv dargestellt und Mädchen eher passiv.
- Jungen werden häufiger in spannenden und abenteuerlichen Rollen unabhängiger dargestellt als Mädchen.
- Die Schönheit von Mädchen steht im Vordergrund.
- Mädchen werden isolierter dargestellt als Jungen.
- Tiere in Bilderbüchern sind oftmals männlich.

(vgl. Scheu, 1977, S. 97 ff.)

Erzieherinnen lesen gerne Bücher vor, die sie als Kind selbst interessant und gut fanden. Doch gerade in älteren Büchern finden sich die traditionellen weiblichen und männlichen Rollenklischees wieder. Prinzipiell ist nichts „Schlechtes" an diesen Büchern. Kinderbuchklassiker sollten den Kindern nicht vorenthalten werden. Wichtig für die geschlechtsbewusste Pädagogik ist dabei, dass die Geschlechterrollen, die im Buch sichtbar sind, von der Erzieherin zur Sprache gebracht werden. Dieses kann durch eine einfache Frage bei der Bilderbuchbetrachtung geschehen, wie etwa „Können Mädchen das auch?" „Wieso darf der Papa das nicht selbst kochen?" „Wieso hat der Mann keine Angst?" Wenn ein klassisches, traditionelles Bilderbuch nicht kommentiert wird, können die dort widergespiegelten bestehenden Verhältnisse nicht hinterfragt werden.

Die traditionellen Geschlechterverhältnisse sind noch immer ein realer Bestandteil des kindlichen Lebens und Kinder brauchen (auch) Bücher, in denen sie ihre persönliche Realität wiedererkennen können, wie etwa eine Familiensituation, in der sie aufwachsen. Bücher mit stereotypen Rollenklischees sind dazu geeignet, diese mit den Kindern zu hinterfragen. Daneben brauchen Jungen und Mädchen jedoch auch Bücher, in denen alternative Geschlechterverhältnisse bzw. Geschlechterrollen dargestellt werden, denn dadurch können sie angeregt werden, in neue Rollen zu schlüpfen und ihr Spektrum der Geschlechterrollen zu erweitern.

Zusammenfassend lässt sich sagen, dass Bilderbücher im Zuge ihrer pädagogischen Bewertung auch immer geschlechtsbewusst betrachtet und beurteilt werden sollten.

Werbung

Von der Wirtschaft werden Kinder als kaufkräftige Zielgruppe betrachtet, auch wenn Kinder die meisten Produkte noch nicht selbst kaufen können. Vielmehr nehmen sie Einfluss auf das Kaufverhalten ihrer Eltern, indem sie etwa im Supermarkt darauf drängen, dass die Eltern ihnen bestimmte Produkte kaufen sollen oder wenn sie sich zum Geburtstag oder zu Weihnachten bestimmte Geschenke wünschen. Die starke Identifikation von Jungen und Mädchen mit aktuellen Medienhelden wird von der Wirtschaft ausgenutzt. So wünschen sich die Kinder beispielsweise, dass auf dem Partygeschirr für ihr Geburtstagsfest „Käpt'n Blaubär" oder auf dem neuen Turnbeutel „Die wilden Kerle" aufgedruckt sind.

In zahlreichen alltäglichen Situationen sind Kinder mit Werbung konfrontiert und somit einem gewissen Konsumdruck ausgesetzt.

In einer Untersuchung wurde festgestellt, dass ein Kinderwerbespot in der Woche bis zu 356-mal wiederholt wird. Der Einsatz gezielter Spots durch bestimmte Firmen konzentriert sich auf bestimmte Sender und dort auf bestimmte Zeiten, und zwar besonders auf Samstag- und Sonntagvormittage. Kinder im Vorschulalter sind diesen Werbeblöcken ausgeliefert, denn sie können den Unterschied zwischen Programm und Werbung noch nicht wahrnehmen. Dieses Differenzierungsvermögen baut sich erst im Grundschulalter auf (vgl. Neuß, 2003, S. 3).

Somit verstehen Vorschulkinder in der Regel noch nicht den Sinn und Zweck von Werbung. Sie nehmen das Gesehene für „bare Münze" und lassen sich von der perfekt aufeinander abgestimmten Sprache und Musik, den Bildern in bunten, schillernden Farben entsprechend der positiven Gefühle, die mit dem Produkt transportiert werden sollen, zum Kaufwunsch anregen.

Die kindlichen Vorlieben und Bedürfnisse werden in der Werbung aufgegriffen. Musik, Slogans und Symbole werden bunt, spannend, einfach gestaltet und strukturiert bzw. kategorisiert präsentiert. Die (kindlichen) Wünsche nach Dazugehörigkeit, Stärke, Großsein, Männlichsein und Weiblichsein werden ausgenutzt und werbewirksam eingesetzt.

Werbespots beeinflussen die Zuschauer, indem sie vorgeben, welches Spielzeug für Jungen und welches für Mädchen angemessen ist. In Fernsehspots werben Mädchen für mädchentypisches Spielzeug, wie beispielsweise Puppenhäuser, mit leichter Musik im Hintergrund. Jungen hingegen werben für jungenspezifisches Spielzeug, wie etwa Roboter, was bevorzugt von lauter, rhythmischer Musik begleitet wird (vgl. Gilbert, 2001, S. 117).

Kinder im Kindergartenalter haben viel Freude am Auswendiglernen und an Wiederholungen. So wie sie gerne Verse oder kleine Gedichte nachsprechen, wiederholen sie auch Werbeslogans. Kinder erkennen beispielsweise Werbeslogan-Melodien und bietet man ihnen den Anfang eines Jingles, so können sie ihn oft beenden.

In den meisten Werbespots spiegeln sich traditionelle, geschlechtertypische Rollen wider. Frauen werden z. B. oftmals mit Schönheit und Männer mit Autorität, Erfolg und materieller Sicherheit in Verbindung gebracht. Diesen Klischeebildern sind die zuschauenden Kinder regelmäßig ausgesetzt, ohne sie kritisch zu hinterfragen, wie es mancher Erwachsene tun würde.

Es ist jedoch positiv anzumerken, dass heute vermehrt auch andere Rollen- bzw. Familienbilder in der Werbung präsentiert werden, die für viele Kinder aufgrund ihrer eigenen Familiensituation normal und alltäglich sind.

> *Beispiel:*
> *So ist es keine Ausnahme mehr, wenn ein junger Vater zusammen mit seiner Tochter (und ohne eine anwesende Mutter) einen Kuchen bäckt oder ein anderer Mann mit seiner Nachbarin über die Vorteile des neuen Flüssig-Waschmittels philosophiert.*

Ebenso alltäglich ist es mittlerweile, wenn die kleine Tochter ihrer im Buisness-Job erfolgreichen Mutter einen Schokoriegel zur Aufmunterung für einen harten Tag in die Tasche steckt.

In der Wortwahl der Anzeigenwerbung werden in Produkten mit der Zielgruppe „Junge oder Mann" die Begriffe genutzt, die mit dem traditionellen übersteigerten männlichen Rollenbild zu tun haben, wie etwa „stark", „dominant", „verbindlich", „cool", „exzellent" oder „überlegen". Für Produkte, die die Zielgruppe „Mädchen und Frauen" haben, werden Begriffe wie „einfühlsam", „weich", „glänzend", „sauber" oder „strahlend" genutzt (vgl. Blank-Mathieu,1996, S. 53).

Besonders werbewirksam ist es, wenn die Werbung mit positiven Emotionen verbunden wird, welche die Menschen im Alltag vermissen. Es werden Wünsche und Sehnsüchte geweckt und mit dem Produkt in Zusammenhang gebracht.

Beispiel:
So schafft es z. B. die moderne Frau, die jedem Ideal entspricht, am Morgen ihren Kaffee in einer perfekten Single-Wohnung zu genießen, anschließend ihrer Karriere im Büro nachzugehen, danach im Fitnessstudio Sport zu treiben, abschließend das Candlelight-Dinner mit einem gut aussehenden Mann zu genießen – wenn sie nur den richtigen Kaffee trinkt!

Auch die Sehnsucht nach einer intakten Familie wird genutzt, um Produkte an den Mann bzw. die Frau zu bringen. Die perfekten Familienverhältnisse aus Werbespots spiegeln in keiner Weise die Realität weder. Aber welches Kind und welche Eltern träumen nicht von der Familie, in der Vater und Mutter entspannt sind und ein pfiffiger Junge eine bestimmte Süßigkeit erhält, die am Ende alle glücklich macht. Und welcher Junge hat nicht die Sehnsucht nach dem prototypischen Großvater im Lehnstuhl, der ihm liebevoll ein Bonbon zusteckt. Nicht zuletzt werden Jungenbedürfnisse nach einer „Verkumpelung" mit dem Vater wach, wenn in Werbespots der Vater mit dem Sohn eine Angeltour unternimmt und das Schlimmste, was passieren kann, sind die dreckigen Hosen, welche die Mutter jedoch gleich lachend in die Waschmaschine steckt.

Derartige Werbestrategien finden sich nicht nur in Werbespots, sondern genauso in anderen alltäglichen Werbemedien, etwa auf Plakatwänden, in Bussen und Bahnen, auf Einkaufstüten, in Beilageprospekten u. Ä..

Aufgabe

Achten Sie eine Woche lang bewusst auf Werbung für Kinderprodukte, wie etwa im Fernsehen, im Radio, auf Plakaten, in Anzeigeblättern etc. Halten Sie Ihre Erfahrungen schriftlich fest.

- *Wo sehen Sie die Werbung?*
- *Wofür wird geworben?*
- *Wird für dieses Produkt geschlechtsspezifisch geworben?*
- *Auf welche Weise wird geschlechtsspezifisch geworben? Wie wird manipulierend auf die Jungen und Mädchen Einfluss genommen?*

4.2.5 Spielzeug

Kindern wird in der Regel geschlechtstypisches Spielzeug „zugewiesen". Geschlechtsspezifisches Spielzeug ist mit spezifischen Spielhandlungen verbunden und erzeugt auch geschlechtsspezifische Interessen. Die Zuweisung geschlechtsspezifischen Spielzeugs hat biografische Konsequenzen (vgl. Kap. 2.3.7). Die gesellschaftliche Arbeitsteilung wird früh eingeübt, und damit bleiben tradierte gesellschaftliche Strukturen bestehen.

Spielzeug ist ein Abbild der gesellschaftlichen Realität. So spielten die Kinder in Kriegszeiten mit Zinnsoldaten und in Kulturen, in denen Pferde eine wichtige Rolle spielen, gibt es Spielpferde für Kinder.

Auch heutzutage wird der Bezug des Spielzeugs zur Realität deutlich. Typisches Jungenspielzeug ist durch Aktivität und Vielfältigkeit charakterisiert. befasst sich mit der männlichen Berufswelt. Zentrale Themen sind beispielsweise Technik, Computer und Fahrzeuge. Typisches Mädchenspielzeug beschäftigt sich mit dem häuslichen Umfeld, dem traditionell zugewiesenen Aufgabenbereich der Frauen, wie beispielsweise Puppen, Geschirr oder Schmuck. Während Spielzeug für Jungen auf Experimentieren und Erfinden hin ausgerichtet ist, so steht beim mädchenspezifischen Spielzeug Ästhetik im Mittelpunkt. Die Mädchen werden durch ihr Spielzeug zum Gestalten aufgefordert – sie machen etwas oder sich selbst schön.

In Horten und Kindergärten ist oftmals zu beobachten, welche Vorlieben Mädchen und Jungen bei der Auswahl von Spielen haben.

Mädchen spielen oft und gerne:
- Puppen- und Rollenspiele
- Spiele, wie Faden- und Steckspiele
- Bewegungsspiele, wie Seilspringen oder Gummitwist

Jungen spielen oft und gerne:
- Konstruktionsspiele mit Konstruktionsmaterial
- Action-Spiele
- Bewegungsspiele, wie Raufen oder Fußball

Wenn Kinder oft und gerne bestimmte Tätigkeiten ausüben, so bewirkt es, dass sie die für diese Tätigkeiten geforderten Fertigkeiten und Fähigkeiten erlernen, üben und trainieren.

Ein großer Teil der Kinderspiele ist jedoch geschlechterstereotypisch geprägt und inhaltlich durch Klischees festgelegt. Das erschwert, dass Kinder sich in diesen Spielen über Rollenklischees hinwegsetzen.

> *Beispiele:*
> *Es ist nicht wahrscheinlich, dass eine HeMan-Figur in einem Rollenspiel eine Vaterrolle besetzt, in der HeMan sich fürsorglich und verantwortungsbewusst um sein krankes Kind kümmert oder die Wäsche der ganzen Familie wäscht, zum Trocknen aufhängt und bügelt.*
>
> *Es ist eher unwahrscheinlich, dass eine Barbiepuppe in einem Rollenspiel eine Klempnerin spielt, die sich schmutzig macht und schwere, körperliche Arbeit verrichtet.*

In diesen Beispielen wird deutlich, dass bereits die körperliche Statur der Figuren, den Spielinhalt der Jungen und Mädchen mitbestimmen.

Aufgrund der bestimmten Fähigkeiten, in denen Jungen und Mädchen durch das Spielen geschlechtstypischer Spiele gefordert und gefördert werden, bleiben beiden Geschlechtern die Bereiche des jeweiligen anderen Geschlechts verschlossen. Die Entfaltungsmöglichkeiten der Kinder sind damit eingeschränkt.

Aufgaben

1. Übertragen Sie die nachstehende Tabelle auf ein Blatt Papier und ordnen Sie die Begriffe in die Tabelle ein. Ordnen Sie einen Begriff nur einem Bereich zu. Sie müssen nun entscheiden, zu welchem Spielbereich diese Fähigkeit im höchsten Maße passt.

   - Mütterlichkeit
   - Geduld
   - Kampfgeist
   - Dreidimensionalität
   - Feinmotorik
   - körperliche Geschicklichkeit auf engem Raum
   - Siegen
   - Kampfverhalten
   - Verantwortungsübernahme für das Wohlergehen anderer
   - Heldenrolle erfahren
   - physikalische Gesetze erfahren
   - Durchsetzungsvermögen
   - sprachliche Ausdrucksfähigkeit
   - Raumerfahrung
   - Kreativität
   - Konkurrenzverhalten
   - viel Raum einnehmen
   - Geschicklichkeit
   - Kooperation in Paaren

- ästhetisches Bewusstsein
- eigene Grenzen suchen und überschreiten
- körperliche Stärke erleben
- gedämpfter Wetteifer
- bleibende Werke planen und umsetzen
- Kräfte messen

Spiele, die Jungen bevorzugen	Dabei üben die Kinder im besonderen Maße ...
Konstruktionsspiele mit Konstruktionsmaterial	
Action-Spiele	
Bewegungsspiele, wie Raufen oder Fußball	

Spiele, die Mädchen bevorzugen	Dabei üben die Kinder im besonderen Maße ...
Puppen- und Rollenspiele	
Spiele, wie Faden- und Steckspiele	
Bewegungsspiele, wie Seilspringen oder Gummitwist	

2. Vergleichen Sie Ihre Zuordnungen mit den Ergebnissen innerhalb Ihrer Lerngruppe. Wahrscheinlich werden Sie zum Teil abweichende Ergebnisse haben, die zu diskutieren sind.
3. Fassen Sie Ihr Ergebnis durch die Beantwortung folgender Fragen zusammen:
    - Haben Jungen und Mädchen dieselben Handlungsmöglichkeiten in denen von ihnen bevorzugten Spielen?

- Wenn nicht – welche Handlungsmöglichkeiten/Fähigkeiten/Fertigkeiten bleiben Mädchen verschlossen?
- Welche Handlungsmöglichkeiten/Fähigkeiten/Fertigkeiten bleiben Jungen verschlossen?
- Was bedeutet Ihr Ergebnis für die geschlechtspädagogische Arbeit im Kindergarten?

4. Besuchen Sie die Spielwarenabteilung eines Kaufhauses oder einen Spielwarenladen und fragen Sie die Verkäuferinnen nach ihren Erfahrungen mit Kunden und Kundinnen hinsichtlich geschlechtstypischer Spielzeugwahl. So könnten Sie beispielsweise erfragen, welches Spielzeug von Jungen und Mädchen gewünscht und welches Spielzeug von Eltern gekauft wird. Vergleichen Sie Ihre Ergebnisse in der Klasse. Was sagen Ihre Ergebnisse über Geschlechterstereotype aus?

Der Spielzeugklassiker für Mädchen: Die Barbie-Puppe

Im Durchschnitt besitzt jedes Mädchen sieben Barbiepuppen. Statistisch gesehen werden drei Barbiepuppen pro Minute verkauft. Damit ist die Barbiepuppe der Firma Mattel, eines US-amerikanischen Spielzeug-Konzerns, die bekannteste und meistverkaufte Puppe der Welt.

Im allgemeinen Sprachgebrauch ist der Begriff „Barbie" ein Synonym für Modepuppen geworden, mit dem nicht mehr ausschließlich die Modepuppen der Firma Mattel gemeint sind.

Barbie war die erste Puppe für Kinder, die keine Babypuppe war, sondern eine Erwachsene. Kinder spielen mit ihr Rollenspiele und ziehen ihr Kleidung an und aus. Zum Kuscheln ist sie nicht geeignet.

1960   1986   1993   2008

Die Barbie-Puppe gibt es seit den 1950-Jahren. Von Anfang an orientierte sich die Produktion an aktuellen Modetrends. Daher spiegelt das Erscheinungsbild der aktuellen Barbie auch immer den jeweiligen gesellschaftlichen Zeitgeist wider.

Die erste Barbie hatte langes blondes bzw. brünettes Haar. Der Mund war geschlossen und die Wimpern anmodelliert. Im Gegensatz zu anderen Puppen konnte Barbie sitzen, wobei ihre Beine damenhaft parallel blieben. Es folgten weitere Barbies mit Kurzhaarfrisuren und anderen Haarfarben. 1967 wurde das Gesicht der Barbie insofern verändert, dass die Lippen immer leicht geöffnet waren. Ab 1977 wurde der Kopf erneut verändert, denn Barbie lächelte und bekam große Augen sowie ein Grübchen am Kinn. Während es vorher verschiedene Haarfarben für die Barbiepuppe gab, waren von da an bis 1991 alle Barbie-Puppen blond. 1996 wurde das Gesicht der Barbie wieder verändert, indem das Gesicht schmaler wurde und das Lächeln nicht mehr so übertrieben breit war. Anfang 2003 bekam die Barbie-Produktion eine neue Körperform, in der Rumpf und Beine kürzer wurden und die Hüften breiter.

Der **kommerzielle Erfolg** der Barbie basiert erheblich auf dem Kauf ihrer Garderobe. Ursprünglich wurde Barbie nur mit einem Badeanzug ausgestattet verkauft. Kleidung musste zusätzlich gekauft werden. Laut Herstellerfirma sollte der Badeanzug dazu dienen, dass die Konsumentinnen Barbie eine eigene Persönlichkeit auf den Leib schneidern können, indem die entsprechende Kleidung gekauft würde.

Von Anfang an gab es auch immer Berufsbekleidung für Barbie, wie beispielsweise 1961 einen Doktorhut und eine Doktorrobe, zu erwerben. Letztlich geht es bei der Gestaltung der Barbiekollektionen und beim Spielen mit der Barbie in erster Linie um das Thema „Aussehen und Schönheit". Diese Botschaft nehmen die Kinder auf und kreieren die passende Kleidung und Frisur für „jeden Anlass". Die Barbiepuppe mit ihren speziellen Körpermaßen und die zu kaufenden Barbieausstattung lädt dazu ein, die Puppe beispielsweise für Hochzeiten, einen exklusiven Sport oder bedeutsame Feste einzukleiden. Mit Barbie eine von der Gartenarbeit müde Mutter zu spielen oder sie als Polizistin zu kleiden, liegt eher fern.

Mit Barbie wird in der Regel die Farbe „pink" assoziiert. Dies entspricht jedoch nicht den modischen Trends, denn entsprechend der aktuellen Mode gibt es stets analog die Mode für Barbie. So gab es beispielsweise in den Fünfzigern und in den frühen 1960er-Jahren viel Kleidung in Pastelltönen, während Ende der 60er-Jahre die Kleidung einer Barbie leuchtende und kräftigere Farben hatte. Der Begriff „Barbie-pink" beruht darauf, dass die Verkaufsverpackung einer Barbiepuppe und des Barbiezubehörs seit den 60er-Jahren pinkfarben ist.

Während die Barbie-Puppe anfangs eine teure Luxuspuppe war, wurde sie ab den 70er-Jahren zu einem Massenspielzeug. Dies lag daran, dass die Barbiepuppe sich nicht mehr als elegante Dame zeigte, sondern am Schönheitsideal der Unterschicht orientiert war. Mit ihren langen, blonden Haaren, dem übertriebenen Dekollete und Miniröcken widmete sie sich populären Sportarten wie Rollerskating oder Bowling. Sie ging auf Popkonzerte und war auf einer Vernissage oder auf dem Tennisplatz nicht mehr zu sehen.

Wissenschaftlerinnen haben die Körpermaße der Barbiepuppe auf den menschlichen Körper umgerechnet: Als Mensch hätte Barbie die Maße „99-48-84" aufzuweisen, das bedeutet einen Brustumfang von 99 cm, einen Taillenumfang von 48 cm und einen Hüftumfang von 84 cm. Ein Mensch ist mit diesen Körpermaßen wäre nicht lebensfähig. So bietet der Unterleib beispielsweise zu wenig Platz für die lebensnotwendigen Organe einer Frau. Die Amerikanerin Cindy Jackson hat sich innerhalb von zwanzig Jahren insgesamt dreißig Operationen unterzogen, um wie eine Barbiepuppe auszusehen. Dieser Fall prägte den Begriff einer psychischen Krankheit, die das „Barbie-Syndrom" genannt wird. Es ist bekannt, dass es auch Männer gibt, die sich Schönheitsoperationen aussetzen, um wie „Ken" auszusehen. Ein anerkanntes „Ken-Syndrom" gibt es jedoch nicht. Kritikerinnen der Barbie-Puppen sind der Meinung, dass die unrealistischen Körpermaße der Puppe das Selbstbewusstsein von Mädchen vermindern und dass das unrealistische Schönheitsideal der Barbie Essstörungen bei Mädchen begünstige.

Das Konzept der Barbie-Puppe wurde 1973 geändert. Während die Modepuppe Barbie anfangs als Alternative zu den damaligen Babypuppen betrachtet werden konnte, bei der das Üben der Mutterrolle nicht im Vordergrund stand, hatte Barbie – wie bereits erwähnt – immer auch Berufskleidung im Angebot. Seit 1973 jedoch sind in der Barbiewelt nur noch triviale Themen von Bedeutung wie Popkultur, Tierliebe oder Sportbegeisterung, und damit einhergehend Make-up, Frisuren und Modedesign. Mittlerweile steht Barbie für Oberflächlichkeit. Jedoch ist sie nach wie vor eine ledige, kinderlose und berufstätige Frau mit eigenem Haus und eigenem Auto.

Und Ken? Ken ist die männliche Puppe an der Seite von Barbie. Einem übersteigerten Männlichkeitsideal entsprechend ist er stets braun gebrannt und hat einen muskulösen Körper. Die männliche Puppe verkauft sich nicht so gut wie seine weibliche Partnerin Barbie. Auch Ken wird für Mädchen gekauft. Jungen haben in der Regel kein großes Interesse an den Modepuppen. Ein leitender Mitarbeiter der Firma Mattel vermutet, dass Ken zu wenig „Actionwert" besitze (vgl. Posch, 1999).

Ken von 1960 und 2009

Aufgaben

1. Welche Normen und Werte hat Barbie mit ihrer Vermarktung Mädchen und Jungen zu bieten?

2. Entwerfen Sie eine alternative Barbie-Kollektion, die Mädchen und Jungen als positives Rollenmodell dienen könnte. Zeichnen Sie auch das entsprechende Zubehör und denken Sie sich einen Namen für die Kollektion aus.

5 Betrachtungsweisen der geschlechtsbewussten Pädagogik

In diesem Kapitel erwerben Sie folgende Kompetenzen:
- Wissen über verschiedene Betrachtungsweisen der Geschlechterdifferenz in der Pädagogik und deren Konsequenzen in der pädagogischen Praxis
- Wissen um die Integration und Verzahnung der unterschiedlichen theoretischen Blickwinkel

5.1 Gleichbehandlung von Jungen und Mädchen im Kindergarten – Der Versuch zur Angleichung der Geschlechter in antiautoritären Kinderläden

Im Zuge der 68er-Bewegung gründeten engagierte Eltern die sogenannten **Kinderläden**. Die Bezeichnung „Kinderladen" beruht darauf, dass die Räume der Einrichtung meist leerstehende Ladenräume waren. Ziel der Eltern und Pädagoginnen war, dass Kinder fern der klassischen Erziehungsideale aufwachsen und antiautoritär erzogen werden. Man baute dabei auf das Gelingen der Selbstregulierung der Kindergruppe, sodass die Erzieherinnen so wenig wie möglich in die Interaktionen und Aktivitäten der Kinder eingriffen. Jungen und Mädchen sollten nicht die traditionell vorgegebenen Geschlechterrollen einüben. Ziel war der Gedanke, dass sich die Geschlechter ohne diesen Rollenzuweisungszwang in der Kindergruppe annähern.

Es entstanden ca. 40 dieser Kinderläden, die wie der traditionelle Kindergarten von Jungen und Mädchen im Alter von drei bis sechs Jahren besucht wurden. Die Psychologen Horst Nickel und Ulrich Schmidt-Denter haben die Kinderläden mit 31 traditionellen Kindergartengruppen verglichen und nach den angestrebten Zielen untersucht. Hinsichtlich des Gedankens der Annäherung von Jungen und Mädchen durch die antiautoritäre Erziehung waren die Ergebnisse ernüchternd: Konflikte gingen auf Kosten der Mädchen, denn sie zogen sich bereitwillig und ängstlich zurück, während die Jungen Konflikte mit extremer Gewalt lösten. In traditionellen Kindergartengruppen war dieses Verhalten schwächer ausgeprägt. Die Dominanz der Jungen kam in den Kinderläden genauso zum Vorschein wie in der traditionellen Kindergruppe.

Kinderladen in Bochum, 1971

5.2 Theoretische Perspektiven der geschlechtsbewussten Pädagogik

Petra Focks (Professorin für soziale Arbeit, Gender Studies) differenziert drei Richtungen geschlechtsbewusster pädagogischer Theorien: die Richtung der Gleichheitsperspektive, die der Differenzierungsperspektive und die der dekonstruktivistischen Perspektive. Jede Richtung des Ansatzes nimmt die Geschlechterverhältnisse und ihre Funktionsmechanismen in einer anderen Art und Weise wahr, was sich in ihrer Umsetzung im Kindergarten als eine jeweils andere Akzentuierung zeigt. Trotz ihrer Unterschiede haben die drei Richtungen auch viel gemeinsam. Sie sind nicht statisch, und damit nicht immer genau voneinander zu differenzieren. Das heißt, dass innerhalb derselben pädagogischen Richtung immer auch Entwicklungen und Differenzen gegeben sind (vgl. Focks, 2002, S. 35 ff.).

5.2.1 Die Gleichheitsperspektive

Bei der **Gleichheitsperspektive** liegt der Fokus darauf, Gleichberechtigung zwischen den Geschlechtern herzustellen. Mädchen und Jungen sowie Frauen und Männer sollen die gleichen Rechte, Bildung, Chancen und die Möglichkeit zur Entwicklung ihrer individuellen Fähigkeiten und Fertigkeiten haben. Die Frauenbewegung des 19. Jahrhunderts hat zur Annäherung an die Gleichheit zwischen Mann und Frau viel beigetragen, indem Mädchen und Frauen insbesondere politisch dem Mann gleichgestellt werden sollen (z. B. durch Einführung der Quotierung von Frauen in Berufen). Bis heute besteht jedoch noch ein Widerspruch zwischen formaler, rechtlicher Gleichheit zwischen den Geschlechtern und der realen Ungleichheit. So werden Männer noch oftmals für dieselbe berufliche Tätigkeit besser bezahlt als Frauen.

Die Gleichheitsperspektive bezieht sich ausschließlich auf den kulturell-gesellschaftlichen Aspekt. Sie geht davon aus, dass die Geschlechterdifferenz und Hierarchie historisch geformt wurde und deshalb auch wieder verändert werden kann. Somit könnten Maßnahmen getroffen werden, die dem entgegenwirken, dass Männer gesellschaftlich höher angesehen sind und dadurch Vorteile haben.

„Auf diese Weise kann Geschlecht auch parallel zu anderen Ungleichheit erzeugenden Faktoren, wie beispielsweise Klasse, Schicht, Ethnie und Generation, betrachtet werden."
(Focks, 2002, S. 38)

Die **pädagogischen Konzepte**, die auf der Theorie der Gleichheitsperspektive basieren, konzentrieren sich darauf, dass Mädchen und Jungen die gleichen Kompetenzen vermittelt werden, damit sie gleichberechtigte Mitglieder der Gesellschaft sein können. Mädchen und Jungen sollen die gleichen Rechte und Chancen zur Teilhabe am gesellschaftlichen Leben haben. Da die gesellschaftliche Ausgangslage von Jungen und Mädchen unterschiedlich ist, werden sie dementsprechend auch differenziert gefördert. Somit wird bei Mädchen beispielsweise die Fähigkeit zur Selbstbehauptung und das Durchsetzungsvermögens geschult, damit sie zukünftig im öffentlichen, politischen Raum aktiv produktiv sein können. Jungen hingegen soll beispielsweise Empathiefähigkeit vermittelt werden, sowie die Fähigkeit, soziale Verantwortung tragen zu können. Damit sollen Jungen befähigt werden, gefühlvolle Beziehungen aufzubauen.

Die **Gefahr bei dieser Perspektive** liegt darin, dass sich die pädagogischen Ziele und Kompetenzen der Mädchen an den Rechten und Chancen der Jungen orientieren und Mädchen sich letztlich nur der männlichen Welt anpassen müssen, um in dieser Gesellschaft gleichberechtigt zu erscheinen. Dies würde die „weiblichen", also die gefühlvollen und sozialen Anteile nicht nur bei den Mädchen, sondern auch bei den Jungen verschütten.

In diesem pädagogischen Konzept spielt die **Modellfunktion** der Erzieherinnen und der Erzieher eine wesentliche Rolle (vgl. Focks, 2002, S. 36 ff.).

5.2.2 Die differenztheoretische Perspektive

Im Gegensatz zur Gleichheitsperspektive hat die **differenztheoretische Sichtweise** die Unterschiede zwischen Frauen/Mädchen und Männern/Jungen im Blickfeld. Es wird davon ausgegangen, dass sich Männer und Frauen tatsächlich geschlechtstypisch verhalten. Dieses basiert auf den geschlechterspezifischen biologischen Gegebenheiten und den Sozialisationsbedingungen. Durch die gesellschaftlich-kulturelle Höherbewertung des Männlichen leiden viele Frauen unter mangelnder Wertschätzung oder sind in den zentralen gesellschaftlichen Lebensbereichen, wie etwa Politik oder Kultur, unterrepräsentiert.

Die **pädagogischen Konzepte**, die auf die Annahmen der differenztheoretischen Perspektive beruhen, beziehen sich in erste Linie auf Mädchen, da diese als benachteiligt betrachtet werden. Weibliche Fähigkeiten und Neigungen werden hervorgehoben und in der pädagogischen Arbeit setzen die Erzieherinnen an den Ressourcen und Stärken der Mädchen, z. B. der Fähigkeit zur Fürsorge, an. Derartige Fähigkeiten werden besonders wertgeschätzt.

Diese Theorie hat den **Schwachpunkt**, dass sie sich auf in der Realität nicht haltbare Stereotype bezieht. Geschlechtsstereotype werden durch diesen Ansatz verfestigt, weil sie sogar noch betont werden. Auf diese Weise kann sich die Lage der Geschlechter nicht verändern (vgl. Focks, 2002, S. 40 ff.).

5.2.3 Die (de-)konstruktivistische Perspektive

In der **konstruktivistischen Perspektive** geht es im Gegensatz zu den zwei vorherigen Perspektiven nicht darum, welches Geschlecht und welche damit verbundene soziale Position ein Mensch hat, sondern dass Geschlecht etwas ist, was ein Mensch immer wieder herstellt (Gender). Dieser Prozess des Doing gender wurde in Kap. 2.3.3 bereits beschrieben. Geschlecht ist also eine Konstruktion, welche auch wieder de-konstruiert, also verändert, werden kann.

Das Ziel dieser konstruktivistischen Perspektive besteht darin, die gesellschaftlichen Geschlechterverhältnisse als Produkt sichtbar zu machen, um diese in einem weiteren Schritt dahingehend zu verändern, dass beide Geschlechter gleichberechtigt an allen Bereichen des Lebens teilhaben können.

Im **pädagogischen Konzept** geht es vor allem darum, die weiblichen und männlichen Ausdrucksformen als kreative Eigenleistung wertzuschätzen. Weder männliche noch weibliche Strategien werden höher bewertet. Es geht um eine Sensibilisierung des stets aktiven Doing gender in allen Interaktionen des täglichen Lebens. Demzufolge werden Jungen und Mädchen Erfahrungsräume angeboten, in denen sie eine individuelle Geschlechtsidentität konstruieren können. Dabei werden die Unterschiede innerhalb der Jungengruppe und innerhalb der Mädchengruppe nicht ignoriert. Die pädagogische Arbeit differenziert nicht so extrem zwischen den stereotypischen Vorstellungen von „den Jungen" und „den Mädchen". Deshalb ist in den pädagogischen Konzepten sowohl Mädchen- und Jungenarbeit als auch gemischtgeschlechtliches, koedukatives Arbeiten vorgesehen.

Fazit

Alle drei Ansätze haben ihre Berechtigung und können anteilig miteinander verknüpft werden, damit eine geschlechtsbewusste Arbeit im Kindergarten stattfinden kann.

- *Gleichheitsperspektive = Gleichberechtigung herstellen*
- *Differenztheoretische Perspektive = Unterschiede produktiv machen*
- *(De-)konstruktivistische Perspektive = Handlungsräume offenhalten*

Sowohl die Perspektive der Differenz als auch der Gleichheit sollte in die geschlechtsbewusste pädagogische Arbeit einbezogen werden.

„Denn Differenz von Frauen/Mädchen und Männern/Jungen ohne Gleichheit bedeutet gesellschaftliche Hierarchie und damit Ab- und Aufwertungen sowie ökonomische Ausbeutung. Gleichheit ohne Differenz bedeutet Anpassung, Ausgrenzung von „Anderen", Assimilation und „Gleichmacherei"."
(Focks, 2002, S. 44)

Der konstruktivistische Ansatz verdeutlicht dabei, dass Geschlecht stets aktiv hergestellt wird und stereotypisches Verhalten veränderbar, also de-konstruierbar, ist.

Aufgabe

Fassen Sie die genannten Perspektiven kurz zusammen und benennen Sie ihre jeweiligen Vor- und Nachteile.

6 Was bedeutet „geschlechtsbewusste Pädagogik"?

In diesem Kapitel erwerben Sie folgende Kompetenzen:

- Kenntnisse über die Prinzipien und Ziele geschlechtsbewusster Pädagogik im Kindergarten
- Wissen über die Rolle und Aufgabe der Erzieherin bei der Umsetzung geschlechtsbewusster Pädagogik
- Kenntnisse über das Prinzip der Selbstbildung von Kindern

Geschlechtsbewusste Pädagogik wird auch geschlechtssensible, geschlechtsbezogene oder geschlechtergerechte Pädagogik genannt. Alle Begriffe meinen jedoch dasselbe: ein Wahrnehmen, Denken und Handeln, bei dem dem Menschen das eigene Geschlecht und das des Gegenübers bewusst ist. Das Geschlecht wird stets berücksichtigt als ein Aspekt, der in Bewertungen und Urteile mit einbezogen wird. Damit dies gelingen kann, benötigt die Erzieherin:

- die Fähigkeit, zu analysieren,
- die Fähigkeiten entsprechend ihrer Analyse zu handeln,
- die Fähigkeit, sich selbst zu reflektieren.

Diese drei Kompetenzen gelten selbstverständlich für alle pädagogischen Bereiche, aber für die geschlechtsbewusste Pädagogik im besonders hohen Maße. Verfügt eine Erzieherin nicht über diese Kompetenzen, so lässt sie unreflektiert Geschlechterstereotype und traditionelle Geschlechterrollenbilder in das pädagogische Geschehen einfließen.

Der Unterschied zwischen einer professionellen Pädagogin und weiteren Bezugspersonen von Kindern ist der Anspruch ersterer auf ein reflektiertes Denken und ein darauf abgestimmtes Handeln. Durch ihr professionelles Fachwissen grenzt sich die Erzieherin von anderen Personen ab. Geschlechterstereotypische Alltagstheorien entsprechen oftmals nicht der Realität, obwohl sich die damit verbundenen Stereotypen durch ihre ständige Reproduktion oftmals als selbstverständlich, richtig oder naturgegeben darstellen, wie z. B. das Stereotyp „Jungen sind laut".

Es gibt kein in sich geschlossenes Konzept der geschlechtsbewussten Pädagogik mit Handlungsleitlinien und Methoden. Basis der geschlechtsbewussten Pädagogik ist die Haltung der Erzieherin. Sie sollte ihr eigenes Tun, das Handeln und Verhalten der Kinder und ihre Interaktion mit den Kindern und unter den Kindern stets unter geschlechtsspezifischen Gesichtspunkten betrachten, um daraus geschlechtergerechte Handlungsmöglichkeiten und Methoden zu entwickeln.

6.1 Prinzipien und Ziele geschlechtsbewusster Pädagogik

Geschlechtsbewusste Pädagogik bedeutet nicht eine bewusste Gleichbehandlung von Mädchen und Jungen. Dieses Ziel scheitert an der Realität. Vielmehr geht es um eine kompensatorische Erziehung beider Geschlechter, um sie jeweils in genau den Bereichen zu fördern und ihnen dort Territorien zu eröffnen, die ihnen die traditionellen Rollenzuweisungen verwehren.

Jungen und Mädchen sollten daher im Kindergarten Erfahrungs- und Beziehungsangebote erhalten, welche die geschlechtsspezifisch eingeengten Fähigkeiten, Verhaltensweisen und Interessen erweitern.

Dabei stehen die individuellen Bedürfnisse eines jeden Kindes im Vordergrund, denn – wie bereits gesagt – ist Fakt, dass die Unterschiede innerhalb einer Geschlechtergruppe größer sind als die zwischen gleichaltrigen Jungen und Mädchen. In einer gleichgeschlechtlichen

Gruppe wird es sehr deutlich, dass alle Kinder stark und schwach sind, laut und leise, wütend und friedlich, dass sich beide Geschlechter für Technik und Kochen interessieren und sich alle Kinder dieselben Lebensfragen stellen. Jungen und Mädchen brauchen vielfältige Angebote und die Auseinandersetzung mit verschiedensten Menschen, Materialien, Medien, Experimentiermöglichkeiten, die Jungen und Mädchen individuell fördern, sodass sie Selbstsicherheit erwerben und mutig und neugierig auf Neues zugehen können.

Jedes Kind ist ein Individuum und sollte auch differenziert als ein solches wahrgenommen werden. Trotzdem möchten Mädchen als weiblich und Jungen als männlich wahrgenommen und betrachtet werden, besonders im Vorschulalter bei der Entwicklung ihrer Geschlechtsidentität. Stets brauchen sie die Gewissheit, dass sie ein „richtiger" Junge und ein „richtiges" Mädchen sind – egal was sie tun oder nicht tun!

Eine grundlegende Bedingung zur praktischen Umsetzung einer geschlechtsbewussten Pädagogik im Kindergarten ist die Überwindung der traditionellen, gesellschaftlich vorgegebenen Geschlechterrollen, sodass es für Jungen und Mädchen möglich ist, eine **formbare und tolerante Geschlechtsidentität** zu entwickeln und diese auch zu leben.

Dabei darf es nicht darum gehen, dass die Mädchen sich ausschließlich an den gesellschaftlich höher bewerteten männlichen Eigenschaften orientieren und sich diese aneignen, so wie es in der Realität oftmals unreflektiert seitens der Erzieherinnen bestärkt wird. Ziel soll sein, dass sich die Mädchen zwar die männlichen Kompetenzen aneignen – aber ebenso auch, dass sich Jungen weibliche Kompetenzen zu eigen machen. Im Hinblick darauf müssen besonders Jungen dazu befähigt werden, gesellschaftlichem Druck standzuhalten, wenn sie weibliche Eigenschaften zeigen. Prinzipiell gilt dies selbstverständlich auch für Mädchen.

Aufgaben

1. Fassen Sie die Ziele der geschlechtsbewussten Pädagogik zusammen.
2. Stellen Sie eine Liste der Ziele auf: An erster Stelle steht das Ihnen am am meisten relevant erscheinende Ziel und an letzter Stelle das am wenigsten wichtige Ziel. Diskutieren Sie Ihr Ergebnis in der Lerngruppe.

6.2 Die Erzieherin als Ausgangspunkt einer geschlechtsbewussten Pädagogik

Veränderungen im Kindergartenalltag gehen von der Persönlichkeit und dem Engagement der Erzieherin aus. Das gilt auch für die geschlechtsbewusste Kindergartenpädagogik. Der erste Schritt zur geschlechtsbewussten Pädagogik liegt bei der Erzieherin.

Geschlechtsbewusste Pädagogik bedarf weitaus mehr als fachliches, theoretisches Wissen um die Geschlechter. Ausschlaggebend bzw. voraussetzend für eine gelungene Umsetzung ist die **innere Haltung der Pädagogin**, die sich in einem geschlechtsbewussten Handeln ausdrückt.

Die innere Haltung der Erzieherin ist von dem Bewusstsein geprägt, dass jedes Handeln und Denken sowie jede Aktivität eines Kindes und Erwachsenen durch die Geschlechtszugehörigkeit geprägt ist. Obwohl Kinder damit immer auf Grundlage ihrer Geschlechtszugehörigkeit betrachtet werden müssen, sollte die Erzieherin gleichzeitig das Kind als einzigartiges Individuum sehen. Sie muss also stets eine doppelte Blickrichtung haben. Eine differenzierte Wahrnehmung und Beobachtung mit der Aufmerksamkeit für Details ist allerdings viel anstrengender als der Rückgriff auf Stereotype, wie etwa „Die Jungen sind immer so laut!". Schwieriger ist es, differenziert zu bestimmen, welche Jungen und Mädchen laut sind.

Pädagogische Arbeit ist immer Beziehungsarbeit. Damit ist die Erzieherin als Person sozusagen das Werkzeug ihrer Arbeit. Die individuellen Kompetenzen der Erzieherin – in diesem Falle bezogen auf ihre geschlechtliche Sozialisation und Identität – sind immer durch ihre eigenen bewussten und unbewussten Erfahrungen und ihre individuelle psychische Organisation geprägt. Dies wiederum beeinflusst und prägt ihre pädagogischen Handlungen. Werden beispielsweise eigene erlebte Kränkungen oder Einschränkungen sowie auch ganz persönliche Interessen und Wünsche nicht reflektiert, so können sie unbewusst auf die Jungen und Mädchen übertragen werden. Finden solche Übertragungen statt, dann werden Jungen oder Mädchen von der Erzieherin nicht mehr als Subjekte betrachtet, sondern sie werden vielmehr zu Objekten der persönlichen Neigung der Erzieherin und ihrer eigenen nicht bewussten, unreflektierten biografischen Erfahrungen (vgl. Focks, 2002, S. 121).

Auch die Beschäftigung mit der eigenen Sozialisation spielt bei der Analyse der eigenen Geschlechtsidentität eine wichtige Rolle. Dabei geht es um die Frage „Wie bin ich zu der Frau geworden, die ich jetzt bin?" Erzieherinnen haben schließlich selbst eine geschlechtstypische Sozialisation durchlaufen. In der Regel hat sich ein erwachsener Mensch, also auch die Erzieherin, in seiner Geschlechterrolle eingerichtet. Wird dies von der Erzieherin nicht reflektiert, so besteht die Gefahr, dass sie ihre ansozialisierten Einstellungen ungefiltert an die Kinder weitergibt (vgl. Walter, in: TPS 2/2008, S. 17).

Wenn sich die Pädagogin selbst hinsichtlich ihrer Geschlechterrolle und Geschlechtsidentität analysiert und reflektiert und ein bewusstes Handeln umsetzen kann, ist sie ein authentisches Vorbild und echtes Modell für die Jungen und Mädchen. Die Kinder würden schnell merken, wenn eine Haltung der Erzieherin aufgesetzt ist und ihr verbaler, körperlicher Ausdruck nicht zu ihrem Handeln passt.

Diese Auseinandersetzungen mit den geschlechtsbezogenen, gesellschaftlichen Rollen, Normen und Werten und die Analyse und Reflektion der eigenen Geschlechtsidentität ist ein lebenslanger Prozess, der niemals völlig abgeschlossen ist.

Exkurs
Übertragung ist ein Begriff aus der Psychoanalyse. Er wird für Zustände verwendet, bei denen ein Mensch aus einer bereits vergangenen Erfahrung auf eine aktuelle Situation schließt. In Übertragungen werden Atmosphären und Szenen aus der Vergangenheit wieder vergegenwärtigt. Der Mensch ist davon möglicherweise so eingenommen, dass er die aktuelle Realität nicht sehen kann. Eine Übertragung findet unbewusst statt.

Beispiel: Eine Erzieherin verhält sich überfürsorglich einem Mädchen gegenüber. Sie möchte durch dieses Verhalten etwas kompensieren, was ihr selbst als Mädchen gefehlt hat (vgl. Rohrmann/Thoma, 1998, S. 64).

Letztlich geht es beim Erwerb von geschlechtsbewusster Selbstkompetenz immer um das Herstellen einer gelungenen Verbindung zwischen der inneren Haltung bzw. der individuellen Gefühlwelt und der pädagogischen Sichtweise, des Fachwissens.

Hinsichtlich des eigenen pädagogischen Verhaltens sollte sich die Erzieherin mit folgenden Fragen beschäftigen:

- In welchen Situationen und Interaktionen im Gruppenalltag verhalte ich mich rollenkonform, also „typisch weiblich"?
- Welches Verhalten von Jungen empfinde ich als erwünscht und fördere/bestärke es daher?
- Welches Verhalten der Mädchen empfinde ich als erwünscht, weshalb ich es fördere und stärke?
- Welches Verhalten erwarte ich in Konfliktsituationen, die unter den Kindern entstehen, von den Jungen? Welches von den Mädchen?
- Wie verhalte ich mich in Konfliktsituationen gegenüber Jungen und Mädchen?
- Ziehe ich vor allem Jungen oder Mädchen zur Hilfe heran? Mache ich bei der Art von Hilfe geschlechtsspezifische Unterschiede?
- Erwarte ich von Jungen und Mädchen gleichermaßen tolerantes und rücksichtsvolles Verhalten anderen Kindern gegenüber?

(vgl. Schmock, 2009, S. 2 f.).

Ein regelmäßiger Austausch unter Kollegen kann hilfreich zur Selbstreflexion sein

6.3 Kinder bilden sich selbst

Kinder eignen sich die Welt im Sinne eines Selbstbildungsprozesses aktiv an.

„ (....) Wenn Bildung bedeutet, vielfältige Erfahrungen und Lernprozesse miteinander in einer Struktur zu verknüpfen, die der Entfaltung der individuellen Anlagen, Strebungen und Bedürfnisse gerecht wird und zugleich dem Individuum ermöglicht, handelnd auf seine Umwelt einzuwirken, dann ist (...) zu ergänzen: Da schon einzelne Lernvorgänge ein aktives und individuelles Verarbeiten voraussetzen, kann auch die Struktur, die alle aufeinander bezieht und die besondere Ausprägung der Persönlichkeit ausmacht, nur selbstständig ausgebildet und aufgebaut werden: Bildung ist Selbstbildung."
(Merkel, 2005, S. 45)

Diese Selbstbildung geschieht entlang der individuellen Lebenserfahrungen, die ein Kind bisher gemacht hat. Sie findet in Interaktionen mit der Umwelt statt. Insbesondere im sozialen Austausch werden bedeutsame Erfahrungen gemacht, denn Kinder erhalten durch andere Menschen stets Rückmeldung, durch die das Erlebte und Erfahrene mit Bedeutung gefüllt wird. Es hat daher wenig Sinn, Kindern etwas beibringen zu wollen, vielmehr muss ihre Lebenswelt so gestaltet sein, dass sie neugierig und forschend durch ihre Wahrnehmungsfähigkeit die Welt entdecken und sich ein eigenes Weltbild konstruieren können.

Erzieherinnen sind Teil der prägenden Umwelt eines Kindes. Darüber hinaus bestimmen sie, in welcher Weise die Kindergartenumwelt des Kindes gestaltet ist, sodass Jungen und Mädchen sich selbst bilden können. Die Beziehung zur Erzieherin gibt dem Kind entscheidende Anstöße im Selbstbildungsprozess.

Soziale Bezugspersonen, wie die Erzieherin und andere Kindergartenkinder, sowie das materielle Umfeld und das Aktivitätsangebot sind für die Selbstbildungsprozesse der Kinder von großer Wichtigkeit. Bei den Arrangements von Bildungsprozessen im Kindergarten muss berücksichtigt werden, dass es in einem Kindergarten Jungen und Mädchen gibt, die sich selbst bilden und nicht „geschlechtsneutrale Kinder".

Um geschlechtsbewusste Pädagogik konkret umzusetzen, sollte die Erzieherin daher materielle, räumliche und soziale Voraussetzungen anbieten, die es dem Jungen und Mädchen ermöglichen, kognitives, soziales und emotionales Wissen zu erwerben.

Somit müssen pädagogische Standards auf der pädagogisch-fachlichen Ebene eingehalten werden, welche beispielsweise die Gestaltung der Räume, des Mobiliars, der Bewegungsräume und -möglichkeiten, des verfügbaren Spielmaterials und der Medien, der Organisation des Tagesablaufs und der Situationen des Alltags betreffen, mit dem Ziel, Jungen und Mädchen gleichermaßen vielfältige Herausforderungen zu bieten, die sie bei der Identitätsentwicklung anregen und unterstützen (vgl. Blank-Mathieu, 1996, S. 83 ff.).

Die entwicklungsbedingten geschlechtstypischen Spiele der Mädchen und Jungen im Kindergartenalter dienen dem Aufbau ihrer Geschlechtsidentität. Sie sollten daher von der Erzieherin zugelassen und kritisch begleitet werden. Eine fehlende Reaktion der Erzieherin auf bestimmte Äußerungen und Spiele der Kinder wird von diesen in der Regel als Zustimmung für ihr Verhalten betrachtet. Kindergartenkinder, die „aus dem geschlechtertypischen Rahmen" fallen, müssen seitens der Erzieherin gestärkt werden, um dem sozialen Druck der Gruppe standhalten zu können und ihren Weg zu gehen. Sie sollten bestärkt werden, mit den gesellschaftlichen Rollenerwartungen zurechtzukommen, ohne auf die traditionellen Geschlechtsrollenbilder zurückgreifen zu müssen (vgl. Focks, 2002, S. 73).

> *Deutlich ist, dass es bei der geschlechtsbewussten Pädagogik nicht um ein zeitlich begrenztes Projekt im Kindergarten geht, sondern vielmehr um die geschlechtsbewusste Gestaltung des Gruppenalltags, welche die Selbstbildungsprozesse der Jungen und Mädchen unterstützt.*

7 Elemente des Kindergartenalltags geschlechtsbewusst betrachtet

In diesem Kapitel erwerben Sie folgende Kompetenzen:
- grundlegende Kenntnisse über die geschlechtsbewusste Gestaltung von Spielräumen
- Fähigkeit, Freispiel, Rollenspiele und pädagogische Spielangebote für Kinder geschlechtsbewusst zu arrangieren
- Kenntnisse über die Vorteile zeitweilig geschlechtergetrennter Kindergruppen
- Die Fähigkeit, Bilderbücher und andere Medien geschlechtsbewusst in den Kindergartenalltag zu integrieren
- Die Fähigkeit, pädagogische Angebote im Bereich „Bewegung, Musik und Rhythmik" geschlechtergerecht zu gestalten
- Wissen über die Umsetzung einer geschlechtergerechten Sprache
- Kenntnisse über geschlechtsbewusste Möglichkeiten der Partizipation (Teilhabe)
- Kenntnisse über die geschlechtsspezifischen Rollenbilder von Kindern mit Migrationshintergrund
- theoretische und praktische Kenntnisse zur Umsetzung von Elternarbeit im Rahmen der geschlechtsbewussten Pädagogik
- Wissen um die Notwendigkeit, alternative Lebensformen zu thematisieren

7.1 Spielen und Spiele

7.1.1 Spielräume und Raumgestaltung

Spielräume sind Erfahrungsräume für Jungen und Mädchen. Das kindliche Spiel braucht einen Raum, in dem es sich entfalten kann.

Im Kindergarten müssen grundsätzlich vielfältige Räume zur Verfügung stehen, die Kinder zu unterschiedlichen Spielmöglichkeiten anregen. Je mehr Räume die Kinder nutzen können, desto individueller können sie ihre Spiele planen und durchführen.

Aufgrund des Raum- und Platzmangels in vielen Kindergärten muss die Erzieherin bewusst darauf achten, welche Erfahrungsräume sie schaffen möchte. Typisch sind Funktionsecken, wie etwa Bauecke, Puppenecke oder Kuschelecke, während bewegungsintensive Spiele auf dem Flur oder abseits in einem „Toberaum" stattfinden. Funktionsecken sind meist geschlechtstypisch besetzt. Jungen spielen in der Regel seltener in der Puppenecke, während Mädchen seltener den Toberaum nutzen.

Spiele und Aktivitäten von Kindern sind abhängig von der Raumgestaltung. Dies betrifft den Gruppenraum, die gesamte Kindertagesstätte sowie die Gestaltung des Außengeländes.

Eine Untersuchung ergab, dass Mädchen weniger raumgreifend und raumeinnehmend spielen als Jungen (vgl. Klees-Möller, 1998, S. 93). Sie nutzen damit weniger Raum. Erzieherinnen müssen demnach beobachten, in welcher Weise die Gestaltung der Kindergartenräume Jungen und Mädchen in ihren Spielen, Aktivitäten und Bewegungsmöglichkeiten möglicherweise eingrenzt.

Die Kindergartenräume sollten so gestaltet sein, dass sie Jungen und Mädchen (auch) zu geschlechteruntypischen Aktivitäten anregen. Jungen und Mädchen sollten gleichermaßen Freiräume, aber auch Rückzugsmöglichkeiten finden (vgl. Focks, 2002, S. 163 ff.).

Eine Erzieherin sollte daher immer wieder folgende Fragen durchdenken:

- Welche Ecken und Nischen im Kindergartenraum bieten geschlechtstypische Möglichkeiten zum Spielen?
- Welche Räume werden überwiegend von Jungen und welche eher von Mädchen besetzt?
- In welchen Räumen spielen Jungen und Mädchen gemeinsam?
- Wie viel Platz des Raums nehmen die Jungen für sich ein und wie viel die Mädchen?
- Werden Mädchen aus bestimmten Bereichen von Jungen verdrängt und/oder umgekehrt?

(vgl. Schmock, 2009, S. 3)

Aufgrund der jeweiligen Beobachtungen sollten die Räume so umgestaltet werden, dass Mädchen und Jungen die gleichen Handlungsspielräume haben bzw. nutzen können.

> **Aufgaben**
>
> Entwerfen Sie in Kleingruppenarbeit Ihren geschlechtergerechten Wunschkindergarten. Gestalten Sie die Räumlichkeiten unter geschlechtsbewusstem Blickwinkel:
>
> 1. Skizzieren Sie auf einem Plakat den Grundriss der Kindertagesstätte und beschriften Sie die Raumnutzung dazu. Beispiel: Küche, Flur, Werkstattraum usw.
>
> 2. Skizzieren Sie die Gestaltung des Außengeländes und malen bzw. beschriften Sie Ihre Zeichnung mit Spielgeräten (Beispiele: Berg, Gebüsch, Schaukel, Dreiradstraße, Rutsche, ...).
>
> 3. Skizzieren Sie exemplarisch einen Gruppenraum mit Einrichtung und Angebot an verfügbarem Spielmaterial (Beispiele: Kuschelecke, Hochebene, Hängematte, Technikecke, Sprossenwand, ...).
>
> Stellen Sie Ihre Ergebnisse mit der entsprechenden pädagogischen Begründung Ihrer Entscheidungen vor.

7.1.2 Freispiel

Das Freispiel ist ein wichtiges Element im Kindergartenalltag. Die Kinder haben im Freispiel die Möglichkeit (im Gegensatz zum gezielten Angebot), ihrem gegenwärtigen Spielbedürfnis nachzugehen und sich den Spielort im Gruppenraum, ihre Spielpartner/-innen und das Spielmaterial entsprechend auszusuchen.

Die selbstinitiierten Spielaktivitäten finden aufgrund unterschiedlicher Motive statt. Kinder spielen beispielsweise zum Vergnügen, zur Bewältigung von Angst oder Aggression, aus dem Drang an Erfahrungszuwachs, als Mittel zur Kommunikation oder auch zur Festigung ihrer Persönlichkeit. Kinder spielen das, was für sie gerade eine besondere Bedeutung hat. Sie drücken im Spiel ihre Welt- und Alltagserfahrungen aus.

Im Kindergartenalter sind die Kinder entwicklungspsychisch noch nicht in der Lage, ihre innere Realität (Wünsche und Fantasien) und ihre äußere Realität (die Wirklichkeit) differenziert voneinander zu trennen. In spontanen Spielen werden damit auch immer Ängste, Wünsche und Fantasien der Kinder deutlich (vgl. Blank-Mathieu, 2002, S. 62 ff.).

Die Erzieherin sollte im Freispiel beobachten, mit welchen Themen sich die Kinder derzeit beschäftigen. Sie sollte den Kindern Raum und Zeit für ihre Freispiele geben und nur bei einer tatsächlichen Gefahr eingreifen.

Jungen und Mädchen spielen im Freispiel oftmals in gleichgeschlechtlichen Gruppen mit geschlechtsspezifischen Inhalten. Das bedeutet jedoch nicht, dass sich die Jungen nicht auch für die Themen der Mädchen interessieren und umgekehrt. Jungen und Mädchen im Kindergartenalter sind prinzipiell wissenshungrig, neugierig und haben den Drang, ihre Umwelt zu erforschen und zu verstehen. In der von weiblichen Strukturen geprägten Kindergartenausstattung sind physikalische, chemische und technische Erfahrungen im Freispiel den Kindern in der Regel nur in einem geringen Maß möglich. Bedeutend mehr Erfahrungen können die Kinder mit Dingen und Materialien machen, die der weiblichen Geschlechterrolle zugeordnet werden. So ist etwa Puppengeschirr in jeder Kindergartengruppe zugänglich, während Spielzeug, mit dem traditionelle Männeraktivitäten nachgeahmt werden können, wie etwa Werkzeug, nicht selbstverständlich zur Verfügung steht.

Geschlechtstypisch besetzte Funktionsecken mit dem dazugehörigen Spielmaterial, das den Kindern im Freispiel zur Verfügung steht, wie etwa die Puppenküche in der Puppenecke oder die Bausteine in der Bauecke, sollten so erweitert und bereichert werden, dass sowohl Jungen als auch Mädchen Möglichkeiten und Anreize zur Nutzung haben.

Beispiele:

- *Die Puppenecke wird durch Spielmaterialien, wie etwa durch mehrere Puppenbetten und einen Kinderarztkoffer ergänzt, sodass ein Kinderkrankenhaus entstehen kann.*
- *Die Mal-/Basteltische werden durch Arbeitsmaterial, wie etwa einen Locher und Stempel ergänzt, sodass ein Büro entsteht.*
- *Die Bauecke wird durch Tierfiguren ergänzt, sodass sie zu einem Zoo- oder Zirkusspiel einlädt.*
- *Der Toberaum wird mit Rhythmikmaterialien wie Tüchern oder Seilen ausgestattet, sodass die Kinder Zirkus spielen können.*

> **Aufgabe**
>
> Überlegen Sie, wie Sie den Kindern technische, physikalische und chemische Erfahrungsmöglichkeiten im Freispiel ermöglichen könnten. Ihre Ideen könnten auch von einem Spielimpuls seitens der Erzieherin initiiert sein. Greifen Sie auf Anregungen der Fachliteratur zurück oder/und führen Sie zur Vorbereitung eigene Experimente durch.
>
> **Beispiel 1:**
> Eine Technikecke wird angeboten, in der Jungen und Mädchen mit Schraubenziehern alte Elektrogeräte aufschrauben können – ggf. mit „Jungenzeiten" und „Mädchenzeiten", damit alle Kinder die Möglichkeit haben, dieses Angebot zu nutzen.
>
> **Beispiel 2:**
> Magnete zur Verfügung stellen, mit deren Hilfe die Kinder Magnetismus wahrnehmen und spielerisch erfahren können. Schnell entwickeln sich daraus beispielsweise „Zaubertricks", die sich Mädchen und Jungen ausdenken.
>
> **Beispiel 3:**
> Spielimpuls „Wassertransport – ein physikalisches Experiment": Ein Becher wird mit Wasser gefüllt und auf ein Legoauto gestellt. Durch rundherum gebaute Legosteine wird das Glas stabilisiert. Die Kinder ziehen dann kurz und fest an dem Bindfaden, der vorne am Auto befestigt ist. Das Wasser wird nach dem Stopp des Wagens nach hinten überschwappen. Wasser ist nicht nur ein Feststoff wie etwa Gepäck oder Menschen in einem Bus. Wasser ist genauso träge.[1] Beim Anfahren des Legoautos wird sich das Wasser kaum bewegen. Wird der Wagen aber mit dem Becher nach vorne gezogen, schwappt das Wasser nach hinten (vgl. Kieninger, 2008, S. 51).

7.1.3 Rollenspiele

Rollenspiele nehmen im kindlichen Spiel im Kindergarten den wichtigsten Platz ein. Bei den variationsreichen Rollenspielen von Kindern im Vorschulalter steht das soziale Miteinander im Vordergrund. Gegenständliche Spielaktivitäten werden dabei mit einbezogen. Um etwa Spielorte herzurichten und Spielutensilien zu beschaffen, arbeiten die Kinder mit den ihnen zur Verfügung stehenden Gegenständen. So wird beispielsweise ein Tisch zu einem Schiff, einer Höhle oder auch zu einem Bus umfunktioniert (vgl. Merkel, 2005, S. 143).

Jungen und Mädchen im Alter von drei bis vier Jahren spielen durch Rollenspiele ihre Welt nach. Dies bedeutet, dass sie in Rollen schlüpfen und Handlungen nachspielen, die sie in ihrem Alltag beobachten. Ältere Kinder erweitern ihre Rollenspiele, indem sie auch Fantasien oder Inhalte als Medien in ihren Spielen aufgreifen. Sie nutzen in Rollenspielen nicht

---

[1] Trägheit ist eine Eigenschaft der Masse: Wenn sich eine Masse in Bewegung gesetzt hat, so wird sie sich mit der derzeitigen Geschwindigkeit in die derzeitige Richtung weiterbewegen (vgl. Kieninger, 2008, S. 50)

nur die Möglichkeit, ihnen bekannte Rollen nachzuspielen, sondern auch, sich in anderen Rollen auszuprobieren. So spielt ein Mädchen etwa die Rolle einer Frau nach, die nicht die Rolle ihrer eigenen Mutter verkörpert, sondern vielmehr eine, die sie sich wünscht und die ihr interessant erscheint. Manchmal erfinden Kinder auch neue Rollenmuster.

In Beobachtungen von Rollenspielen unter geschlechtsbewussten Blick sollte die Erzieherin darauf achten,

- welche Rolle ein Junge oder ein Mädchen besonders oft spielt,
- ob es sich dabei um eine männliche oder weibliche Rolle handelt – wie sie den Jungen oder das Mädchen in dieser Rolle erlebt (Körpersprache, Gestik, Mimik, Stimmlage, Wortwahl) –
- ob es sich bei dieser Rolle um ein reales Vorbild handelt oder um eine Fantasiefigur,
- welche Gefühle (wie etwa Wut, Stolz oder Angst) in dieser Rolle sichtbar sind,
- welche Wünsche und Sehnsüchte deutlich werden.

(vgl. Blank-Mathieu, 2002, S. 80)

Einige Kinder greifen über einen bestimmten Zeitraum regelmäßig auf ein bestimmtes Kostüm zurück. So trägt beispielsweise ein Mädchen gerne den ganzen Kindergartentag ein Ballerinakleid, auch wenn sie gar nicht Ballerina spielt, oder ein Junge hat ein Ritterkostüm an, auch wenn er nicht Ritter spielt. Dadurch wird deutlich, dass die geschlechtstypische Verkleidung und die geschlechtliche Rolle für das Kind von Bedeutung sind – und nicht zwangsläufig die Rolle, welche durch die Kostümierung dargestellt wird.

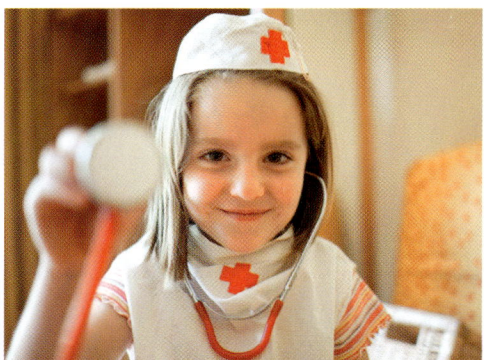

Während Mädchen oftmals im Spiel weibliche Rollen übernehmen, z. B. die Mutter oder eine Bäckereifachverkäuferin, die sie täglich sehen, so haben es Jungen schwerer, männliche Rollen nachzuspielen, die der Realität entsprechen. Daher greifen Jungen bevorzugt auf Medienhelden zurück und spielen beispielsweise Batman.

Aufgaben

1. Welche Wünsche könnte eine Mädchen äußern, das sich als Prinzessin verkleidet und oft in diese Rolle schlüpft?

2. Welche Wünsche könnte ein Junge dadurch äußern, indem er sich als Tiger verkleidet?

3. a) Interviewen Sie Jungen und Mädchen im Vorschulalter: Was tun bevorzugt Frauen und welche Tätigkeiten sind typisch für Männer? Vergleichen Sie die Ergebnisse innerhalb Ihrer Lerngruppe.
   b) Wagen Sie eine Interpretation der Aussagen: Woher haben die Jungen und Mädchen ihre Informationen?
   c) Beobachten Sie Jungen und Mädchen im Freispiel. Welche Rollen nehmen die Jungen bevorzugt ein? Welche die Mädchen? Vergleichen Sie Ihr Ergebnis mit der Einschätzung der Gruppenleitung. Vergleichen Sie anschließend die Ergebnisse innerhalb Ihrer Lerngruppe.
   d) Überlegen Sie konkrete Aktivitäten, die es Jungen und Mädchen ermöglichen, alternative Rollenbilder im Kindergarten zu erleben. Beispiel: Ein Hausmann wird eingeladen und backt mit der Kindergruppe Waffeln.

4. Gehen Sie einen Vormittag paarweise in einen Kindergarten und beobachten Sie, in welchen Spielecken sich die Jungen und die Mädchen aufhalten und welche Tätigkeiten die Kinder dort ausüben. Jede Schülerin sucht sich eine der folgenden Beobachtungsaufgaben aus. Halten Sie Ihre Beobachtungen entsprechend nachstehender Tabelle fest. Die halbstündigen Zeitabschnitte ermöglicht es Ihnen, am Kindergartengeschehen teilhaben zu können.

5. Beobachtungsaufgabe a):
Zeichnen Sie zunächst den Grundriss des Gruppenraums mit seinen Funktionsbereichen, um sich die Auswertung der Beobachtungsaufgabe zu erleichtern. Konzentrieren Sie Ihre Beobachtung darauf, in welchen Bereichen des Gruppenraums sich Jungen und Mädchen aufhalten.

	Wo befinden sich die Jungen?	Wo befinden sich die Mädchen?
9.15 Uhr		
9.45 Uhr		
10.15 Uhr		
11.15 Uhr		
11.45 Uhr		

Beobachtungsaufgabe b):
Konzentrieren Sie Ihre Beobachtungen darauf, welchen Spiele Mädchen und Jungen jeweils nachgehen.

	Mit welchen Spielen/ Aktivitäten beschäftigen sich die Jungen?	Mit welchen Spielen/ Aktivitäten beschäftigen sich die Mädchen?
9.15 Uhr		
9.45 Uhr		
10.15 Uhr		
10.45 Uhr		
11.15 Uhr		
11.45 Uhr		

(vgl. Krabel/Cremers, 2008)

- Tauschen Sie Ihre Ergebnisse im Plenum aus. Welche Gemeinsamkeiten und Unterschiede sind in den Beobachtungen der unterschiedlichen Kindergartengruppen sichtbar? Lässt sich ein gemeinsames Ergebnis festhalten?

- Führen Sie eine Fotografieraktion in einem Kindergarten durch, in der die Kinder bestimmte Plätze und Orte ihrer Einrichtung fotografieren.

- Lassen Sie jedes Kind zu folgenden Aspekten ein Foto machen. Machen Sie sich Notizen zum Alter und Geschlecht des Kindes.
1. Fotografiere den Ort, an dem du am liebsten spielst.
2. Fotografiere den Ort, an dem du dich am wohlsten fühlst.
3. Fotografiere einen Ort, an dem du nie oder selten spielst.
4. Fotografiere einen Ort, an dem du dich gar nicht wohlfühlst.

(vgl. Krabel/Cremers, 2008)

- Werten Sie die Ergebnisse aus, indem Sie ein Plakat mit den Fotos und den Notizen gestalten. Besprechen Sie Ihr Ergebnis mit der Gruppenleitung und erfragen Sie, ob sich die durch die Fotos dokumentierten Antworten der Kinder mit Ihrer Einschätzung decken.

- Interpretieren Sie das Ergebnis unter geschlechtsbewussten Blickwinkel. Was drückt Ihr Ergebnis über Jungen und Mädchen aus? Welche Konsequenzen könnte das Ergebnis in der Praxis zur Folge haben?

- Stellen Sie Ihre Ergebnisse innerhalb der Lerngruppe vor und vergleichen Sie diese.

7.1.4 Spielangebote für Jungen und Mädchen

Im Freispiel beschäftigen sich die Kinder immer wieder mit gesellschaftlichen Bereichen, welche die Kinder in ihrer Gesamtheit noch nicht ganz überblicken und nachvollziehen können. Es fehlen ihnen oftmals wesentliche Zusammenhänge. Diese fehlenden Kenntnisse und die Übersicht über ein Thema kann von der Erzieherin durch ein gezieltes Spielangebot an die Jungen und Mädchen herangetragen werden.

Damit sich geschlechtstypisches Spielen nicht etabliert und den Jungen und Mädchen damit wesentliche Erfahrungen vorenthalten bleiben, sollte die Erzieherin fantasievolle Spielimpulse und Spielangebote entwickeln.

Sie sollte ihre Angebote reflektieren, wobei die folgenden Fragen hilfreich sein könnten:

- Wie viele und welche meiner Angebote haben vor allem Mädchen, welche vor allem Jungen angesprochen?
- Wie viele und welche Angebote sprechen sowohl Jungen als auch Mädchen an?

> **Aufgabe**
>
> Finden Sie zu jedem unten genannten Aspekt ein Angebot, das Sie im Kindergarten umsetzen könnten, um Mädchen die Jungenräume zu öffnen und Jungen die Mädchenräume. Wie könnten Sie Angebote für Jungen und Mädchen attraktiv gestalten?
>
> **Den Mädchen die Jungenräume zugänglich machen**
>
> Mädchen brauchen Angebote, ...
>
> 1. ... die ihr Interesse an Technik und Handwerk wecken,
> 2. ... bei denen der Umgang mit Dingen im Vordergrund steht,
> 3. ... die ein Werk als Produkt haben, bei dem Funktionalität wichtig ist,
> 4. ... in denen sie Selbstvertrauen und Unabhängigkeit erfahren,
> 5. ... welche die Durchsetzungsfähigkeit und persönlichen Grenzüberschreitungen ermöglichen,
> 6. ... in denen sie Körperkraft und grobmotorische Bewegungen erleben können,
> 7. ... in denen sie raumgreifend tätig sind,
> 8. ... in denen Mädchen aus sich herausgehen und sich lautstark und lustvoll ausdrücken können,
> 9. ... in denen Mädchen sich als unbesiegbar, großartig und allmächtig erleben können,
> 10. ... die ihnen eine positive Auseinandersetzung mit Aggression ermöglichen.
>
> *Beispiele:*
> zum Punkt 1: Eine Mädchengruppe baut mit der Erzieherin ein Puppenbett.
> zum Punkt 2: Glitzerbausteine in der Bauecke anbieten.

Den Jungen die Mädchenräume zugänglich machen

Jungen brauchen Angebote, ...
1. ... die Rücksichtnahme und Einfühlungsvermögen fördern,
2. ... die ihr Interesse an Haushalt und Kindererziehung wecken,
3. ... die Beziehungen zu einzelnen Personen ermöglichen,
4. ... die Werke produzieren, bei denen Ästhetik wichtig ist,
5. ... in denen sie eine realistische Einschätzung ihrer Fähigkeiten und Grenzen erfahren,
6. ... die sie feinmotorische Geschicklichkeit erfahren lassen,
7. ... die standgebunden sind,
8. ... die ermöglichen, dass sich Jungen in Ruhe, Gelassenheit und Entspannung erleben,
9. ... die ermöglichen, dass Jungen sich als fürsorglich, kooperativ und gefühlvoll erleben,
10. ... die eine positive Auseinandersetzung mit Angst und Schwäche ermöglichen.

Beispiele:
zum Punkt 1: Kämpfen nach Kampfregeln
zum Punkt 2: Batmanfiguren ins Puppenhaus legen

Präsentieren Sie Ihre Ergebnisse in Ihrer Klasse und notieren Sie sich die Spielideen Ihrer Mitschülerinnen.

7.1.5 Mädchenräume und Jungenräume

Zeitweilig geschlechtergetrennte Angebote schaffen Sozialisationsräume, die Jungen und Mädchen die Möglichkeit geben, neue Verhaltens- und Bewegungsmuster auszuprobieren. Daneben haben die Jungen und Mädchen die Chance, wahrzunehmen, welche Gleichheiten und Unterschiede es innerhalb ihrer Geschlechtergruppe gibt.

In gemischtgeschlechtlichen Gruppen kommt es oft zu einer unausgesprochenen geschlechterspezifischen Aufgabenverrichtung. Beispielsweise räumen Mädchen ungefragt auf, während Jungen schwere körperliche Arbeiten von sich aus verrichten. Den Erzieherinnen fällt dies meist nicht auf, denn das gängige männliche und weibliche Rollenbild impliziert diese bestimmten Tätigkeiten. Die Rollenbilder sind so eingeprägt, dass sie im Alltag kaum hinterfragt werden. In getrenntgeschlechtlichen Gruppen ist dieser Faktor ausgeschlossen, sodass Jungen und Mädchen alle Aufgaben verrichten müssen und dürfen.

Spezifische Aktivitäten für Mädchengruppen und Jungengruppen entstehen in der Kindergartenpraxis in der Regel durch die Strukturierung der Angebote. So melden sich etwa die Mädchen bei dem Angebot zum Schminken und die Jungen zur Einladung in den Toberaum. Den Jungengruppen und Mädchengruppen sollten jedoch auch geschlechteruntypische Aktivitäten und Erfahrungen zugemutet werden. Beispielsweise machen Mädchen in einer gleichgeschlechtlichen Tobestunde im Bewegungsraum andere Erfahrungen, als wenn sie gemeinsam mit den Jungen spielen. Den Jungen wiederum werden z. B. beim Schminken in einer gleichgeschlechtlichen Gruppe andere Erfahrungen ermöglicht, wenn keine Mädchen dabei sind.

Das Phänomen der von selbst entstehenden Jungengruppen ist im Hinblick darauf, dass die Erzieherin weiblich ist, von besonderer Bedeutung. Ihre Bedeutung liegt darin, dass sich die Jungen durch das Zusammenschließen vom Weiblichen abgrenzen wollen, und damit auch von der mächtigen weiblichen Erzieherin (vgl. Kap. 3.9). Innerhalb der gleichgeschlechtlichen Gruppe können die Jungen sich aneinander oder an idealisierten Männerbildern, beispielsweise Medienhelden, orientieren. Dies gibt ihnen das Gefühl von Freiheit, Anerkennung und gegenseitiger Bestärkung ihrer Männlichkeit. Das gemeinschaftliche Spiel hilft den Jungen, die Defizite ihrer ersten Lebensphase (vgl. Kap. 3.9) zu kompensieren. Der Nachteil dabei ist, dass Jungen durch ihre Spiele oftmals nicht im Sozialverhalten, wie z. B. Rücksichtnahme oder positive Kontaktaufnahme, gefördert werden (vgl. Rohrmann/Thoma, 1998, S. 267 ff.).

Auch die Räume könnten so gestaltet sein, dass ein Rückzug für Jungengruppen und Mädchengruppen gegeben ist, ohne dass sie bestimmte Funktionsbereiche in der Gruppe besetzen und damit blockieren. So könnte etwa ein Differenzierungsraum eine Stunde lang „nur für Mädchen" oder „nur für Jungen" sein. Bei letzterem sollte sich auch die Erzieherin an das Gebot halten und nach Möglichkeit auf einen männlichen Mitarbeiter des Hauses zurückgreifen

7.2 Medien und Bilderbücher

Kinder wachsen in einer Medienwelt auf. Selbst wenn in der Familie und im Kindergarten „medienfreie Zone" ist, so werden Kinder im Alltag von Medien beeinflusst. Kinder müssen daher lernen, sich in der Medien- und Konsumwelt zurechtzufinden. Kinder brauchen eine diesbezügliche Orientierung und die Chance, ihre Medienerfahrungen verarbeiten zu können.

Um die Kinder bei der Verarbeitung ihrer Medienerlebnisse unterstützen zu können, muss die Erzieherin die „Medienspuren" der Jungen und Mädchen entdecken. Diese zeigen sich beispielsweise bei Rollenspielen, in denen Fernsehfiguren oder Inhalte von Hörspielkassetten nachgespielt werden. Auch in Gesprächen zwischen Kindern oder auf gemalten Bildern tauchen Medienspuren auf. Kinderzeichnungen enthalten auch nicht sichtbare Elemente. Um diese „sehen" zu können, ist das Gespräch mit dem Kind, das ein Bild malt (in der Entstehungsphase des Bildes oder bei der abschließenden Betrachtung der Zeichnung), von großer Bedeutung. Um die Themen der Kinder entschlüsseln und einordnen zu können, sollte die Erzieherin wissen, welche Medienfiguren aktuell vermarktet werden.

Die Kinder sollten außerdem dazu ermuntert werden, ihre Medienerlebnisse auszudrücken, denn nur dadurch können diese verarbeitet werden. Dabei gilt das Prinzip „Vom Eindruck zum Ausdruck". Statt passiver Medienrezeption sollten Jungen und Mädchen gleichermaßen die Gelegenheit bekommen, Medien aktiv und kreativ gestalterisch zu erproben. Im gestalterischen Arbeiten tauchen geschlechtsspezifische Themen „von selbst" auf und können dann von der Erzieherin aufgegriffen und thematisiert werden.

Bei folgenden medienpädagogischen Aktivitäten können geschlechtsspezifische Themen sinnvoll thematisiert werden:

- Kinder gestalten eine Radiosendung zum Thema „Was machen eigentlich Mütter? Was machen eigentlich Väter?" Ergänzend können auch Mütter und Väter im Rahmen der Elternarbeit eine solche Sendung erstellen, die abschließend mit den Ergebnissen ihrer Kinder verglichen werden kann.

- Jungen und Mädchen fotografieren sich gegenseitig in unterschiedlichen Geschlechterrollen (z. B. als Mann verkleidet oder als Oma). Am Ende gibt es eine Fotoausstellung.

- Jungen und Mädchen drehen einen Film über ihren Kindergarten zum Thema „Meine Lieblingsecke in der KITA".

- Jungen und Mädchen gestalten ein Bilderbuch: Kinder malen mit einem Malprogramm am Computer Bilder zu einem bestimmten Thema (z. B. „Als ich einmal ganz wütend wurde ..."). Die Erzieherin lässt sich den Text von den Kindern diktieren und fügt ihn am Computer ein. Alternativ können die Kinder auch Bilder auf Papier gestalten und diese mithilfe der Erzieherinnen einscannen. Am Ende werden die Seiten ausgedruckt und zu einem Buch gebunden.

Tipp

Für Erzieherinnen ohne bzw. mit technischen Vorkenntnissen finden sich gut umsetzbare praxisnahe Beispiele und Projektbausteine zur aktiven Medienarbeit im Kindergarten in:

- „Pixel, Zoom und Mikrofon" – Medienbildung in der KITA. Ein medienpraktisches Handbuch für Erzieher/-innen von Sabine Eder, Christiane Orywal und Susanne Roboom. Hrsg: Niedersächsische Landesmedienanstalt, Berlin 2008.
- „Frühe Medienbildung" aus der Reihe „Natur-Wissen schaffen" hrsg. von Wassilios Fthenakis. Bildungsverlag Eins, Troisdorf, 2009.

Oftmals haben Erzieherinnen Berührungsängste gegenüber Medien, die meist technischer Art sind. Von daher ist es ratsam, spezielle medienpädagogische Fortbildungen zu besuchen, in denen Erzieherinnen zunächst eigene Berührungsängste abbauen können und wo ihnen eine kindgerechte Umgangsweise mit Medien vermittelt wird. Derartige Kenntnisse sind eine wesentliche Grundlage dafür, Medien sinnvoll in den Kindergartenalltag zu integrieren.

Aufgaben

„Medien in meinen Sinnen"

1. Erstellen Sie einen lebensgroßen Körperumriss von sich auf Rollenpapier. (Eine Mitschülerin sollte Ihnen dabei helfen: Sie legen sich auf das Papier und Ihre Mitschülerin malt Ihren Umriss.)

   Beschriften Sie Ihren Körperumriss wie folgt:

   - Hand: Was mache ich am liebsten mit meinen Händen? (z. B. Malen)
   - Auge: Was sehe ich am liebsten im Fernsehen? (Held/-in malen)
   - Ohr: Was höre ich am liebsten im Radio/auf Kassette/CD? (Lieblingsfigur malen, Titel notieren)
   - Kopf: An welchen Film erinnere ich mich gerne? An welchen lieber nicht? (Titel notieren)
   - Bauch: Bei welchem Film habe ich geweint, gelacht, Angst gehabt? (Titel notieren)

   (vgl. Eder/Orywal/Roboom, 2008, S. 36)

   Hängen Sie die fertigen Umrisse an die Wand. Betrachten Sie die Ergebnisse Ihrer Mitschülerinnen und klären Sie Fragen zu den Zeichnungen.

2. Überlegen Sie, wie Sie Ihren Körper als Kind beschriftet hätten und tauschen Sie Ihre Erinnerungen in der Klasse aus. Gibt es Gemeinsamkeiten?

3. Organisieren Sie in Kleingruppen einen Besuch in einer Kindergartengruppe und führen Sie die oben beschriebene Übung mit Kindern aus.

   Die Kinder sollen ihre Antworten als Bild an die entsprechenden Körperstellen zeichnen. Bei der Durchführung sind insbesondere die Erläuterungen des Kindes von Bedeutung. Sie sollten am Ende der Übung wissen, was die Kinder mit ihren Zeichnungen ausdrücken wollten.

   Halten Sie die Ergebnisse zeitnah an diese praktische Übung so fest, dass Sie die Zeichnungen der Kinder in Worte fassen können und notieren Sie diese in Tabellenform. Erstellen Sie eine Tabelle für die Antworten der Jungen und eine für die Ergebnisse der Mädchen.

	Mädchen	Jungen
Hand		
Auge		
Ohr		
Kopf		
Bauch		

   Diskutieren Sie Ihre Ergebnisse in der Kleingruppe unter geschlechtssensiblen Blick. Inwieweit sind die Aussagen der Kinder geschlechtsspezifisch? Gibt es Gemeinsamkeiten und Unterschiede innerhalb der Geschlechtergruppe und zwischen den Geschlechtergruppen? Was vermitteln die Antworten der Jungen und Mädchen im Hinblick auf ihre innere und äußere Welt?

   Vergleichen Sie Ihr Ergebnis mit denen der anderen Kleingruppen. Gibt es Unterschiede und Gemeinsamkeiten? Wie kommen diese zustande? So könnten sich beispielsweise die Ergebnisse in einem bildungsfernen Sozialmilieu von denen eines Waldorfkindergartens unterscheiden.

Medienhelden der Kinder

In vielen Fällen stoßen die Kinder mit ihren Medienhelden, die sie oft auch als Spielzeug mit in den Kindergarten bringen, bei Erwachsenen auf Abneigung. Erzieherinnen äußern sich beispielsweise negativ durch Bewertungen wie „HeMan sieht nicht schön aus!". In einigen Kindergartengruppen wird das Mitbringen von Medienspielzeug verboten.

Kinder fühlen sich durch die negative Bewertung ihres „Helden", mit dem sie sich identifizieren und der ihre Wünsche und Bedürfnisse spiegelt, persönlich betroffen. Um zu verstehen, was die Kinder mithilfe einer bestimmten Figur ausdrücken wollen, sollten die Erzieherinnen das Gespräch suchen und die Helden nicht bewerten.

Eine Möglichkeit dafür ist, dass die Erzieherin sich in das Rollenspiel eines Jungen und seines Medienhelden begibt und sich eine Rolle zuweisen lässt, um sich die für das Kind bedeutsamen Themen zu erschließen. In einem zweiten Schritt kann die Erzieherin den Jungen mit bestimmten Fragen konfrontieren und damit das unrealistische Männerbild des Helden thematisieren. Sie könnte eine Feststellung machen wie „Batman ist ja ganz erschöpft vom Kämpfen" und fragen „Schläft er nicht genug?" oder „Ist er krank?" Daraufhin könnte das Spiel dazu führen, dass für Batman ein Bett geschaffen wird, ihm eine „Gute-Nacht-Geschichte" erzählt wird oder im zweiten Fall, dass Batman zum Arzt geht und sich untersuchen lässt.

Zur Auseinandersetzung mit Medienhelden ist es auch denkbar, dass die Jungen und Mädchen Medienhelden produzieren. Besonders Jungen werden dadurch zu feinmotorischen Aktivitäten ermuntert, indem sie aus Ton, Knetgummi, Perlen, Papier, Kleister, Papprollen etc. eigene Heldenpuppen herstellen. Im Entstehungsprozess kann die Erzieherin herausfinden, wie Helden für Kinder sein müssen und dadurch die Ängste und Wünsche der Jungen und Mädchen ableiten. Anschließend ist es denkbar, eine Landschaft oder eine Wohnung aus Naturmaterialien und Baumaterialen zu gestalten, in der die Helden wohnen und leben. Das gemeinsame Spiel mit diesen selbst geschaffenen Werken lässt viele Spielmöglichkeiten zu, die von den Erzieherinnen durch Impulsfragen unterstützt werden sollten. Beispielsweise könnte die Erzieherin erfragen, wo der Held denn eigentlich seine Zähne putzt, was er am liebsten am Feierabend macht oder wie er eigentlich Weihnachten feiert. Aus diesen Spielerfahrungen können sich neue Spiele ergeben. Beispielsweise können Heldenkekse für HeMan gebacken werden oder die Helden machen eine Adventsfeier (vgl. Rohrmann, 2001, S. 212–213).

> **Aufgabe**
>
> Gehen Sie in Kleingruppen in Ihnen bekannte Kindergärten und stellen Sie mit einer Kleingruppe von Jungen Helden aus Verpackungsgegenständen, Knetgummi und anderem Bastelmaterial her. Begleiten Sie den Entstehungsprozess und versuchen Sie herauszubekommen, wie „echte Helden" für die Jungen sein sollen. Teilen Sie sich in Ihrer Kleingruppe so auf, dass mindestens zwei Schülerinnen ein Beobachtungsprotokoll anfertigen können. Führen Sie abschließend eine kleine Vorstellungsrunde durch, in der jeder Junge seinen Held präsentiert. Bedenken Sie, dass jedes Produkt Wertschätzung verdient. Fotografieren Sie die Helden.
>
> Arbeiten Sie in ihrer Kleingruppe Ihre Beobachtungen aus und halten Sie diese mit dem entsprechenden Foto des Helden auf einem Plakat fest. Präsentieren Sie im Plenum Ihre Lernergebnisse und vergleichen Sie diese mit denen der anderen. An welchen Stellen bestehen Gemeinsamkeiten und Unterschiede im Produkt und im Entstehungsprozess? Fassen Sie die für die Jungen bedeutsamen Themen zusammen.

Bilderbücher

Das Medium Bilderbuch ist in allen Kindergartengruppen zu finden. Kinder nutzen Bilderbücher oft, um Nähe zur Erzieherin herzustellen, die in einer entspannten Atmosphäre das Buch vorlesen soll. Im Freispiel greifen Kinder selten auf Bilderbücher zurück, um sie alleine zu betrachten. Deshalb bietet die Bilderbuchbetrachtung die Möglichkeit, sich mit einer Kleingruppe intensiv auf das Bilderbuch und die damit verbundenen Fragen der Kinder einzulassen bzw. sich mit ihnen auseinanderzusetzen.

Bei der Bilderbuchanalyse sollten folgende Aspekte berücksichtigt werden:

- **Rollen und Funktionen**
  Welche Rollen und Funktionen nehmen Mädchen/Frauen und welche Jungen/Männer ein? Werden Mädchen oder Jungen als schlau, stark oder ungeschickt dargestellt? Wer wird beschützt? Wer wird bedient?

- **Umgebung**
  Welche Geschlechter halten sich im Haus und im Garten auf? Wer hält sich in offenen, gefährlichen Situationen auf?

- **Spiel und Arbeit**
  Welchem Geschlecht werden welche Tätigkeiten, Spielzeuge, Werkzeuge zugeordnet? Welche Berufe üben Frauen und welche Männer aus?

- **Familienalltag**
  Beispiel: Wird der Familienalltag nach traditionellen oder nach alternativen Mustern dargestellt?

- **Körperhaltungen**
  Welche Körperhaltungen und Gestik/Mimik haben Jungen/Männer und welche Mädchen/Frauen?

- **Gefühle**
  Welche Gefühle zeigen Jungen/Männer und Mädchen/Frauen? Wer tröstet beispielsweise? Wer wird wütend? Wer kommt allein mit den eigenen Gefühlen zurecht?

- **Verhaltensweisen**
  Welche Verhaltensweisen zeigen Jungen/Männer und welche Mädchen/Frauen? Sind sie eher vielfältig oder eher einfältig?

- **Bei Tiergeschichten:** Welche Rollen übernehmen weibliche und welche männliche Tiere?

(vgl. Rohrmann/Thoma, 1998, S. 209 ff.)

Aufgabe

Analysieren Sie ein Bilderbuch Ihrer Wahl. Halten Sie Ihre Analyse nach folgendem Muster fest.

> Titel des Buches: _____
>
> Autor/-in: _____
>
> Erscheinungsjahr: _____
>
> Kurze Inhaltsangabe des Buches
>
> Analyse hinsichtlich folgender Aspekte:
> 1. Rollen und Funktionen
> 2. Umgebung
> 3. Spiel und Arbeit
> 4. Familienalltag
> 5. Körperhaltung
> 6. Gefühle
> 7. Verhaltensweisen
>
> Würden Sie dieses Buch den Kindern im Kindergarten anbieten? Begründen Sie Ihre Meinung.

Stellen Sie die Bilderbücher mit den dazugehörigen Analysen in der Klasse vor. Dies kann beispielsweise in Form einer Ausstellung geschehen.

7.3 Bewegung, Musik, Rhythmik

„Es bestehen zwar biologische Unterschiede zwischen Frauen und Männern, was sich unter anderem im Knochenbau, in der Struktur von Muskeln und Bindegewebe und in den Kraftverhältnissen zeigt. Diese Unterschiede sind aber vor der Vorpubertät bzw. Pubertät unwesentlich. Die unterschiedliche motorische Entwicklung und Leistungsfähigkeit ist hauptsächlich auf die traditionelle geschlechtsspezifische Bewegungserziehung zurückzuführen. Das bedeutet für die Praxis, dass Jungen und Mädchen in der Kindertagesstätte gleichermaßen belastbar und zu ähnlichen motorischen Leistungen fähig sind."
(Herm, 2007, S. 53)

Bewegungsanlässe schaffen

Am Umgang mit dem eigenen Körper und durch die Körpersprache wird das soziale Geschlecht (Gender) deutlich (vgl. Kap. 2.3.4.). Die geschlechtstypische Beanspruchung von Raum, Mut und Risikobereitschaft sowie die Selbsteinschätzung und die Einschätzung eigener Grenzen lässt sich in Bewegungsangeboten, wie etwa auf einer Bewegungsbaustelle oder Gerätearrangements beobachten. In der Regel nehmen Mädchen sich tendenziell zurück, während viele Jungen sich oftmals selbst überschätzend ins Wagnis stürzen.

Im Kindergarten sollten Bewegungsangebote gemacht werden, in denen sich Jungen und Mädchen gleichermaßen wahrnehmen. Beide Geschlechter sollten lernen können,

- eigene Schwächen zu akzeptieren und auf die Stärken stolz zu sein,
- eigene Grenzen zu spüren und diese zu erweitern,
- viel Raum und wenig Raum einzunehmen.

Bewegungsangebote im Kindergarten sollten über die wöchentliche „Turnstunde" hinausgehen und vielmehr (auch) im Gruppenalltag Platz finden. So wäre es beispielsweise denkbar, dass eine Gerätelandschaft in einem separaten Raum aufgebaut wird, die von einer begrenzen Anzahl von Kindern genutzt werden kann. Dabei ist zu beachten, dass Jungen und Mädchen dieses Angebot gleichermaßen nutzen können. Gegebenenfalls sollten auch hier spezielle Jungenzeiten und Mädchenzeiten eingeführt werden. Dies gilt ebenso für ein Bewegungsangebot, das im Gruppenraum stattfinden kann, beispielsweise durch das Anbringen einer Sprossenwand und das Bereitlegen einer Weichbodenmatte. Die Kinder können dort klettern und springen und durch Zusatzmaterialien, wie etwa Decken, Seile oder Reifen, weitere Spiele entwickeln. Bei den Bewegungsmöglichkeiten im Außengelände könnten anstelle von gängigen Dreirädern auch Rollbretter oder Pedalos zur Verfügung stehen.

Toben und Kämpfen

Toben ermöglicht den Kindern bedeutsame Bewegungserfahrungen: Sie erfahren ihren Körper und spüren ihre Körpergrenzen. Für Jungen sind Tobespiele oftmals einer der wenigen Wege, Nähe und Körperkontakt zu anderen herzustellen. Bei den Tobespielen der Jungengruppen wird von Erzieherinnen ein höheres Maß aggressiver Anteile wahrgenommen, die mit Gewalt assoziiert werden. Mädchen haben sicherlich auch Lust, ihre Aggressionen durch Bewegung auszudrücken, aber Erzieherinnen ermahnen Mädchen schneller als Jungen zum Ruhigsein.

Durch Bewegungen werden Gefühle ausgedrückt. Jungen und Mädchen sollten die Gelegenheit haben, über Bewegung auch „negative" Gefühle wie Angst, Wut, Ärger auszuagieren. Insbesondere Jungen nutzen Tobespiele, um ihre Kräfte zu erproben und sich mit anderen zu messen. Bewegungsfreude und Lust auf Action sollten durch spezifische Angebote kanalisiert werden, wie beispielsweise „Kämpfen nach Regeln". Dieses beinhaltet zwar aggressive Anteile, jedoch ist es nicht mit Gewalt zu verwechseln. Das Prinzip der Regeln ist, dass alles, was dem anderen Kind nicht wehtut, erlaubt ist, während alles, was wehtut, verboten ist. Das Gegenüber sollte als Kampfpartner und nicht als Gegner betrachtet werden. Dem Kampfpartner muss Respekt und Akzeptanz entgegengebracht werden. Die Regeln sollten mit den Kindern gemeinsam entwickelt werden. Auch ein Begrüßungsritual sollte erarbeitet werden. Im Entstehungsprozess werden Begriffe wie „Respekt" und „fair" definiert. Kampfspiele sind sowohl zwischen Jungen und Mädchen genauso denkbar wie in gleichgeschlechtlichen Gruppen. Für alle gelten dieselben Regeln.

Für das verletzungsfreie Spiel ist es absolut notwendig, dass die Erzieherin auf die Einhaltung der Regeln und des Begrüßungsrituals vor jedem Kampf besteht. Die Erzieherin sollte besonders anfangs mit den Kindern über ihre Erfahrungen bei den Kampfspielen sprechen. Gegebenenfalls können Regeln daraufhin verdeutlicht oder verändert werden.

Zur Orientierung bietet es sich an, die Regeln in Form von Symbolplakaten im Gruppenraum aufzuhängen. Ratsam ist, sich bei der Festlegung der Regeln auf das Notwendige zu beschränken.

Beispiel für Regeln (Buch, 2002. S. 116–117):

1. **Regel:**
   Wenn der Partner/die Partnerin „Stopp!" ruft, wird der Kampf sofort unterbrochen.

2. **Regel:**
   Wir tun unserem Partner/unserer Partnerin nicht weh!

Vorschlag für ein Begrüßungsritual vor jedem Kampf:

1. **Schritt:**
   Sich voreinander verbeugen

2. **Schritt:**
Hände schütteln und dabei sagen „Wir wollen fair kämpfen"

3. **Schritt:**
„Bist du bereit?" „Ja!", „Bist du bereit?" „Ja!"

Spielideen: Toben, Kämpfen, Bewegen

Spiele, die Körperkontakt zulassen

Zur Heranführung an einen Zweikampf sind Spiele sinnvoll, die Körperkontakt zulassen. So können einerseits Hemmungen abgebaut werden (oftmals bei Mädchen), andererseits lassen die Spiele eine positive Form von Nähe zu (oftmals relevant für Jungen).

Beispiel:

Spiel „Krankenhaus"

Alle Kinder laufen frei im Raum. Ein Kind wird als Fänger bestimmt. Wenn der Fänger einen Mitspieler berührt, ist dieser „krank" und muss sich auf den Boden legen. Befreit werden kann er, indem zwei andere Kinder als Sanitäter kommen und den Kranken ins „Krankenhaus" bringen, welches etwa durch Matten verdeutlicht wird. In der Phase des „Krankentransports" dürfen die betreffenden drei Kinder nicht getickt werden. War der Kranke auf der Matte, kann er sich dort hinlegen und an einem von ihm selbst gewählten Zeitpunkt wieder in das Spiel einsteigen. Ziel ist es, dass der Fänger möglichst viele Kinder „krankenhausreif" tickt. Ohne Sieger geht das Spiel nach einer gewissen Zeit zu Ende.

Spiele zum Kräftemessen

Neben den Spielen, die generellen Körperkontakt zulassen, ist es sinnvoll, Übungen durchzuführen, bei denen ein Kräftemessen im Vordergrund steht. Diese Spiele sind nicht nur als Heranführung an das Kämpfen zu betrachten, sondern können auch unabhängig vom Kämpfen gespielt werden.

> *Beispiel:*
> *Spiel „Komm auf meine Seite!"*
> *Zwei Kinder stehen sich an einer auf dem Boden markierten Linie gegenüber (Markierung durch Kreppband oder ein Seil möglich). Jedes Kind umfasst mit seiner rechten/linken Hand das rechte/linke Handgelenk des Partners (Handgelenksfassung). Auf ein Startzeichen hin sollen beide Kinder versuchen, den Partner auf ihre Seite über die Linie zu ziehen.*

Kampfspiele mit einem Ball

Kämpfe mit einem Ball sind eine weitere sinnvolle Hinführung auf das Kämpfen mit einem Partner. Die Angriffsfläche ist der Ball und nicht der Körper des Partners.

> *Beispiel:*
> *Spiel „Der versteckte Ball"*
> *Zwei Kinder sind auf einer Matte. Ein Kind versteckt einen Ball unter sich und hält ihn fest. Der Partner soll versuchen, den Ball zu bekommen.*

Partnerkämpfe

Für den klassischen Kampf mit einem Partner sind verschiedene Spiele denkbar.

> *Beispiele:*
> *Spiel „Runter von der Matte":*
> *Ablauf: Zwei Kinder hocken sich gegenüber auf einer Matte. Jedes versucht, seinen Partner von der Matte zu bringen.*
>
> *Spiel „Schildkrötenwenden"*
> *Ablauf: Ein Kind legt sich auf den Bauch auf eine Matte. Es ist die Schildkröte. Der Partner versucht, die „Schildkröte" auf den Rücken zu drehen.*

Gruppenkämpfe

Kampfspiele sind auch mit vielen Kindern möglich.

> *Beispiel:*
> *Spiel „Möhren ziehen"*
> *Ablauf: Alle Kinder liegen auf dem Bauch eng in einem Kreis mit dem Kopf zur Kreismitte. Die Kinder haken sich bei ihren Nachbarn ein, um sich gegenseitig festzuhalten. Die Erzieherin ist außerhalb des Kreises und versucht, die Kinder an den Fußgelenken aus dem Kreis zu ziehen. Ist ein Kind aus dem Kreis gezogen worden, wird es auch zum „Möhrenzieher".*

Erzieherinnen müssen selbst ihre Hemmschwelle zur körperlichen Auseinandersetzung überwinden, um auch Mädchen derartige Angebote schmackhaft zu machen.

> **Aufgaben**
> 1. Spielen Sie die oben genannten Spiele mit den zwei genannten Regeln und dem beschriebenen Begrüßungsritual innerhalb Ihrer Lerngruppe. Sie benötigen dafür lediglich eine Matte und einen Ball. Welche neuen Erfahrungen konnten Sie machen? Was hat Ihnen an den Spielen gut gefallen? Was nicht? Begründen Sie Ihre Meinung.
> 2. Waren die Regeln für Sie angemessen oder haben Sie Veränderungsvorschläge?
> 3. Welche Rolle und Aufgaben hat die Erzieherin bei der Durchführung von Kampfspielen?

Entspannung

Entspannung ist ein Grundbedürfnis eines jeden Menschen und bedeutet zunächst das Loslassen von körperlicher Spannung. Im Kindergarten sollten neben spannungsgeladenen Bewegungsangeboten auch Aktivitäten zur „Ent-Spannung" stattfinden.

Entspannung betrifft nicht nur den Körper, sondern sie wirkt sich auf den gesamten Menschen aus:

- Auf der kognitiven Ebene wird die Konzentrationsfähigkeit verbessert bzw. die Fähigkeit der Wahrnehmung und der Verarbeitung äußerer Reize.

- Auf der affektiven Ebene ermöglicht ein optimaler Entspannungszustand ein psychisches Gleichgewicht.

- Auf der sozialen Ebene ermöglicht Entspannung ein verbessertes, gemeinschaftliches Wohlbefinden, denn ein entspanntes Kind geht anders auf andere Menschen ein als ein spannungsgeladenes Kind.

- Auf der motorischen Ebene verbessert Entspannung das Körperbewusstsein bzw. das Empfinden für Anspannungs- und Entspannungszustände.

Die Fähigkeit, sich zu entspannen geht in der heutigen Zeit, die von Reizüberflutung und Hektik geprägt ist, vielen Kindern verloren. Besonders Jungen scheinen oftmals spannungsgeladen zu sein und könnten durch Entspannungsspiele profitieren. Angebote von Fantasiereisen oder Massagen mit einem Tennisball werden häufig von Mädchen wahrgenommen. Die Entspannungsspiele sollten so gestaltet sein, dass sie für Jungen genauso attraktiv sind wie für Mädchen.

Prinzipiell ist bei Entspannungsspielen zu beachten, dass die Atmosphäre von möglichst wenig Außenreizen geprägt ist. So sollten etwa akustische Reize vermieden werden, indem die Spiele in einem ruhigen Raum stattfinden. Visuelle Reize können vermindert werden, wenn der Raum etwas abgedunkelt wird. Durch diese Abschwächung von Außenreizen, wird das Aktivitätsniveau der Innenreize gesenkt, was wiederum die körperliche und psychische Beruhigung begünstigt.

Praxisbeispiele:
Spiel „Der Zirkus kommt in die Stadt"
Ein Kind legt sich auf den Bauch. Ein anderes Kind „bearbeitet" den Rücken des liegenden Kindes in Form einer Zirkusgeschichte, die von der Erzieherin erzählt wird:

- *Manege ausfegen = über den Rücken streichen*
- *Späne in die Manege streuen = mit den Fingerspitzen über den Rücken klopfen*
- *die Pferde kommen in die Zirkusmanege = rhythmisch mit den Fingern über den Rücken galoppieren*
- *der Elefant kommt in die Manege = mit dem Handballen leicht auf den Rücken drücken*
- *... nach einigen Impulsen der Erzieherin, können die Kinder ihre eigenen Ideen einbringen und umsetzen.*

Spiel „Autorennen"
Ein Kind legt sich auf den Bauch. Ein anderes Kind fährt mit einem Spielzeugauto passend zu einer erzählten Geschichte über den Rücken des Kindes. So kann das Auto beispielsweise in großen Kreisen und kleinen Runden fahren, schwer durch Sand fahren, ganz langsam fahren, Menschen steigen aus und trippeln über den Rücken, der Parkplatz wird gefegt usw.

Aufgabe

Suchen Sie sich aus Büchern zwei Bewegungsspiele und zwei Entspannungsspiele für den Kindergartenbereich heraus. Sie können selbstverständlich auch auf Ihnen bekannte Spiele zurückgreifen. Analysieren Sie die Spiele, ob sie in der Ihnen bekannten Form Jungen und Mädchen gleichermaßen ansprechen. Variieren Sie ggf. Variationsmöglichkeiten für Jungen und für Mädchen. Halten Sie diese Spiele schriftlich fest und stellen Sie sich diese gegenseitig im Plenum vor. Spiele, die im Klassenraum oder auf dem Hof gespielt werden können, sollten gleich praktisch mit der Lerngruppe ausprobiert werden.

Tanzen

Rhythmisch-musikalische Erfahrungen bieten eine gute Möglichkeit mit Gender-Konstruktionen durch Körpersprache und Bewegung zu spielen, denn der Körper ist das elementarste Ausdrucksmittel des Kindes.

Im Tanz beispielsweise erleben alle Kinder unterschiedliche Grade an Körperspannungen, Jungen und Mädchen machen gleichermaßen Raumerfahrungen und Erfahrungen der dinglichen Umwelt (beispielsweise durch den Einsatz von Rhythmikmaterialien, wie etwa Tüchern). Beim Tanzen üben sich die Kinder gleichermaßen in Geschicklichkeit, Selbstwahrnehmung und in der Fähigkeit, Gefühle körpersprachlich auszudrücken.

Für Kindergartenkinder ist die Verknüpfung von Spiel und Tanz relevant. Durch Bewegungsimpulse und Bewegungsaufgaben sollen die Jungen und Mädchen zum kreativen Improvisieren angeregt werden und so personale, soziale und materiale Erfahrungen machen.

Durch das Spielerische im Tanz haben Jungen und Mädchen die Möglichkeit, geschlechterübergreifende Körper- und Bewegungserfahrungen zu machen.

Bereits im Kindergartenalter lehnen viele Jungen „Tanzen" ab, weil diese Bewegungsform in der westlichen Kultur eher weiblich besetzt ist. Jedoch tanzen Jungen genauso gerne wie Mädchen. Die Erzieherin sollte deshalb darauf achten, dass sie das Wort „Tanzen" möglichst nicht verwendet, sondern dieses durch eine geschlechterneutrale Umschreibung wie „Bewegung zur Musik" ersetzt. Dann müssen die Jungen sich nicht vom Tanz als etwas Weibliches abgrenzen, wodurch ihnen Tanzerfahrungen offenstehen.

Tipp

Unterrichtstipp: Analyse des Films von Billy Elliot – I will dance. Ein Film von Stephen Daldry, England 2000, Dauer: 1 Stunde und 46 Minuten

Der Film erzählt die Geschichte des elfjährigen Jungen Billy. Als seine Boxgruppe die Turnhalle mit einer Ballettgruppe teilen muss, entdeckt Billy seine Leidenschaft für den Tanz. Heimlich beginnt er, Ballettunterricht zu nehmen. Während die Ballettlehrerin in dabei unterstützt, findet er bei seinem Vater kein Verständnis.

In diesem Spielfilm lassen sich geschlechtsspezifische Körperbilder in Musik und Bewegung beobachten.
Impulsfragen zur Filmanalyse:

- *Welche Männertypen werden von den zentralen männlichen Filmfiguren verkörpert? (Billy, Billys Vater, Billys Bruder Tony, Billys Freund Michael)*
- *Inwieweit unterscheiden sich die dargestellten Männertypen in ihren geschlechtsspezifischen Einstellungen und ihrem Verhalten?*
- *Welche Beziehungen haben die vier Personen zueinander und wie drücken sich diese aus?*
- *Welche Frauentypen werden von den zentralen weiblichen Figuren verkörpert? (Billys Ballettlehrerin Mrs Wilkinson, ihre Tochter Debbie, Billys Großmutter, Billys verstorbene Mutter (letztere wird durch die „Briefszene" charakterisiert, in der Billy seiner Ballettlehrerin den letzten Brief seiner Mutter zeigt).*
- *Welche Beziehungen haben die weiblichen Figuren zu Billy? Welche Beziehung hat Billy zu ihnen?*
- *Im Film werden verschiedene Formen von Gewalt dargestellt: Die staatliche Gewalt, präsentiert durch überwiegend männliche Polizisten, die strukturelle und körperliche Gewalt innerhalb der Familie und der Spott der männlichen Stadtbewohner gegenüber Billys Tanzleidenschaft. Wie drückt sich diese Gewalt aus?*
- *Wie sieht Billys Widerstand der Gewalt über aus?*
- *Wie setzen sich die Frauen gegenüber der männlichen Gewalt zur Wehr?*

(Schneider, 2005, S. 32 ff.)

Kreis- und Singspiele

In vielen Kreis- und Singspielen sowie Bewegungsliedern werden Geschlechtsstereotype transportiert. Besonders Lieder und Spiele, die von Generation zu Generation weitergegeben werden, enthalten auch die alten Geschlechterklischees.

Alte traditionelle Kreis- und Singspiele und Lieder haben für die Kinder einen großen Reiz. Möglicherweise singen die Großeltern und Eltern mit ihrem Kind Lieder aus ihrer Kindheit. Altes Kulturgut sollte keinesfalls aus dem Kindergarten verbannt werden. Allerdings sollte die Erzieherin die Texte mit ihren geschlechtsbezogenen Rollenfixierungen bewusst wahrnehmen und gemeinsam mit den Kindern thematisieren. Kinder hören gerne Geschichten aus alten Zeiten, etwa wie es auf der Welt war, als die Urgroßeltern klein waren.

Im Gegensatz zum Freispiel gibt es in Kreisspielen feste Regeln und bestimmte Rollen, wie etwa Wolf und Jäger oder Prinzessin. Dort besteht die Chance, dass Jungen auch „weibliche" Rollen (wie etwa eine Katze) spielen, während Mädchen „männliche" Rollen (beispielsweise einen Bären) verkörpern können. Während Mädchen durchaus gerne auch einmal männliche Rollen übernehmen, möchten Jungen in der Regel ungern weibliche Rollen, wie z. B. „Dornröschen", einnehmen. Um den Jungen auch diese Rollenerfahrung zu ermöglichen, ist es manchmal sinnvoll, wenn die Erzieherin zunächst Rollen zuweist. Nach mehrmaligem Spielen ist die Übernahme einer gegengeschlechtlichen Rolle im Kreisspiel nicht mehr ungewöhnlich.

Die Aussage alter Texte hinsichtlich der Geschlechterrollen sollte nicht überbewertet, aber auch nicht unterschätzt werden. Texte können aber bei Bedarf schnell und einfach verändert werden. Auch neuere Texte von Kreis- und Singspielen, die traditionelle Rollenbilder transportieren, könnten von der Erzieherin geschlechtergerecht umgedichtet werden.

Beispiel:
„Die Waschfrauen"

Refrain:
Zeigt her eure Füße. Zeigt her eure Schuh und sehet den fleißigen Waschfrauen zu.

1. Strophe: *Sie waschen den ganzen Tag. Sie waschen, sie waschen, sie waschen den ganzen Tag. (wiederholen)*

2. Strophe: *Sie wringen, sie wringen, sie wringen den ganzen Tag. (wiederholen)*

3. Strophe: *Sie bügeln. Sie bügeln. Sie bügeln den ganzen Tag. (wiederholen)*

4. Strophe: *Sie hängen. Sie hängen. Sie hängen. Sie hängen den ganzen Tag. (wiederholen)*

1. **Variation:**
   Veränderung: Der Ausdruck „fleißige Waschfrauen" wird ersetzt durch „fleißige Waschmänner" oder „fleißige Waschmenschen".

2. **Variation:**
   *Ein anderer Beruf wird gewählt (beispielsweise Hausmann oder Bauarbeiterin).
   Die Struktur des Singkreisspieles wird beibehalten. Der Text und die dazugehörigen Bewegungen werden verändert. Diese Variation kann zusammen mit den Kindern entwickelt werden.*

Aufgaben

1. Entwickeln Sie entsprechend der Tabelle ein neues Bewegungslied und stellen Sie es anschließend der Lerngruppe vor, indem sie es anleiten.

Text	Beschreibung der begleitenden Bewegungen
Zeigt her eure Füße. Zeigt her eure Schuh und sehet den ... zu.	
Sie ...	
Refrain	
Sie ...	
Refrain	
Sie ...	

2. Durchsuchen Sie ältere oder aktuelle Liederbücher für Kinder. Schreiben Sie ein Lied heraus, in dem traditionelle Geschlechterrollen transportiert werden. Schreiben Sie den Liedtext geschlechtersensibel um. Singen Sie anschließend dieses Lied mit Ihrer Lerngruppe und machen Sie eine Kopie des Textes für alle, sodass jede Schülerin anschließend über einen kleinen Fundus von geschlechtersensiblen Liedtexten verfügt.

Tipp

Mehr zum Thema „Bewegung" finden Sie in:

- Silke Hubrig: „Bewegung in der Kita", Bildungsverlag Eins, Troisdorf, 2010
- Angelika Goeze: „Bewegungsspiele in der Kita-Praxis", Bildungsverlag Eins, Troisdorf, 2010

7.4 Sprache

Sprache spiegelt die Realität einer Gesellschaft und Kultur wider. In der Erziehung spielt die verbale Sprache als Trägerin von Informationen an Jungen und Mädchen eine bedeutsame Rolle, denn Sprache bildet nicht nur Realität ab, sondern verfestigt diese auch. Sprache drückt gesellschaftliche Wertvorstellungen und Machtverhältnisse aus. Nur was eine Bedeutung für die Gesellschaft hat, findet sich auch in der Sprache. (So haben die Inuit beispielsweise viele Begriffe für Schnee, weil dieser für sie eine große Bedeutung hat.) Sprache enthält auch immer ein Wissen über die Welt, welches Kinder in ihrem Spracherwerb mitlernen. Dies gilt im hohen Maße auch für das Wissen über die Geschlechter.

> **Aufgabe**
>
> *Sammeln Sie Begriffe/Redewendungen, in denen geschlechtstypische Bedeutungen und Zuschreibungen zum Ausdruck kommen.*
>
> *Beispiele: Heulsuse, Zimperliese, Puppenmutti, seinen Mann stehen, Krankenschwester, Pantoffelheld, Mannschaft, Gewitterziege, Hausdrachen*

In der deutschen Sprache wird in der Regel in der männlichen Person gesprochen, z. B. „die Schüler" oder „der Schornsteinfeger". Mittlerweile ändert sich dies teilweise durch die Verwendung der Endungen „Innen" oder „/innen", wie etwa SchülerInnen oder Schornsteinfeger/-in.

Um Jungen und Mädchen gleichermaßen angemessen anzusprechen und ihnen eine geschlechtsbewusste Sprache zu ermöglichen, sollten Erzieherinnen auf einen geschlechtergerechten Sprachgebrauch achten:

- Jungen und Mädchen sollen gleichermaßen angesprochen werden.
  z. B.: Alle Jungen und Mädchen räumen jetzt auf!"

- Dies gilt auch für die Ansprache von Eltern, beispielsweise in Elternbriefen,
  z. B.: „Liebe Mütter und liebe Väter ..." oder „Welcher Vater oder welche Mutter kann noch einen Kuchen für unser Sommerfest backen?"

- Für gängige geschlechtstypisch festgelegte Begriffe sollten geschlechtsneutrale Begriffe genannt werden:
  z. B.: Kaufmannsladen = Einkaufsladen, Mannschaft = Team

- Dies gilt auch für bestimmte geschlechtstypisch besetzte Bereiche, z. B.:
  Die Puppenecke = Wohnung

7.5 Partizipation – Beteiligung von Mädchen und Jungen

Die aktive Beteiligung von Kindern an Entscheidungen, die den Kindergartenalltag betreffen, wird **Partizipation** genannt. Umgesetzt wird diese beispielsweise im Rahmen des Morgenkreises oder in Kinderkonferenzen. Partizipation ist die Erziehung der Kinder zur Demokratie.

„Partizipation als ein pädagogisches Grundprinzip umfasst alle Aktivitäten, die einen Beitrag zur politischen Sozialisation von Kindern leisten, indem diese die Chance bekommen, demokratische Verhaltensweisen einzuüben, um sich aktiv und nützlich in eine Gemeinschaft zu integrieren."
(Kasüschke, 2008, S. 12)

Die Beteiligung von Jungen und Mädchen an der Aktivitätsplanung oder Raumgestaltung ist sinnvoll, wenn Jungen und Mädchen dabei die Möglichkeit haben, in einen Dialog zu treten. Das bedeutet, dass die Kinder bei der Entwicklung im Entstehungsprozess beteiligt werden, und es nicht bei einer Meinungsabfrage im Zuge einer Abstimmung bleibt. Dabei geht es vor allem um wertschätzendes Verhalten gegenüber Mädchen und Jungen und eine respektvolle Akzeptanz der Kinder untereinander. Durch diese Interaktionen können die Kinder Fähigkeiten wie Solidarität, Kooperation, Konfliktlösungsvermögen und Verantwortungsbewusstsein erlernen und üben. Jungen und Mädchen haben die Möglichkeit wahrzunehmen, dass alle Kinder verschiedene Interessen und Wünsche haben. Zudem lernen sie, ihre Wünsche, Interessen und Bedürfnisse zu äußern. Erfolgserlebnisse lassen die Kinder erleben, dass ihr Handeln Wirkung hat. Durch die Beteiligung an Entscheidungsprozessen erleben die Kinder Selbstbestimmung und Selbstbehauptung, wodurch ihr Selbstbewusstsein und Selbstwertgefühl gestärkt wird.

Jungen und Mädchen sind in der heutigen Gesellschaft im zunehmend höheren Maße aufgefordert, Entscheidungen treffen zu können. Sich für etwas zu entscheiden, beinhaltet auch immer zugleich, sich gegen etwas zu entscheiden. Diese Fähigkeit basiert darauf, dass Kinder lernen, verschiedenste Möglichkeiten und Alternativen vorwegzudenken, Auswahlkriterien zu entwickeln und diese in ihren Entscheidungsprozess einzubeziehen. Jungen und Mädchen sollten auch die Konsequenzen ihrer Entscheidungen einschätzen lernen und Verantwortung für diese übernehmen können (vgl. Kasüschke, 2008, S. 14).

Partizipation verlangt also vielfältige Sozialkompetenzen. Diese können Jungen und Mädchen jedoch nur erlernen, wenn sie die entsprechenden Rahmenbedingungen für demokratische Verhaltensweisen vorfinden. Diese Kompetenzen werden in kleinen Schritten mit dem Ziel der Selbstbestimmung erworben. Die Spielräume, die den Kindern zur Mitbestimmung zur Verfügung stehen, müssen für diese zu überschauen sein und ein Probehandeln zulassen.

Möglichkeiten der Partizipation für Jungen und Mädchen können beispielsweise ...

- in den Morgen- und den Abschlusskreis integriert werden,
- in regelmäßigen Kinderkonferenzen gegeben sein,

- in Form einer „Stimmungswand" erfolgen: Die Kinder werden dazu aufgefordert, Spiele und Aktivitäten der Woche zu bewerten. Die Erzieherin malt Symbole für die Aktivitäten auf ein Plakat und die Kinder kleben beispielsweise eine Sonne für „Das hat mir gut gefallen" oder eine Gewitterwolke für „Das hat mir nicht gefallen" dahinter,

- mithilfe eines Wunsch- und Meckerstuhls umgesetzt werden: Diese Stühle werden gekennzeichnet. Nacheinander darf sich im Stuhlkreis jedes Kind auf den Stuhl setzen und auf dem „Wunschstuhl" Wünsche, Ideen und Vorschläge für den Kindergartenalltag äußern. Analog dazu können die Kinder auf dem „Meckerstuhl" Kritik üben.

(vgl. Krabel/Cremers, 2008)

Wichtig ist, dass auch Konflikte in den Beteiligungsprozessen zugelassen und gelöst werden. Besonders Mädchen sollten dabei in ihrem Selbstbehauptungswillen gestärkt und ermutigt werden, ihre Interessen genauso durchzusetzen, wie es im Alltag den Jungen in der Regel zugestanden wird. Jungen hingegen sollten dazu befähigt werden, verbale Konfliktlösestrategien zu entwickeln und lernen, sich nicht durch Handgreiflichkeiten zu behaupten.

Erzieherinnen neigen oftmals dazu Differenzen, Konflikte und Aggressionen als bedrohlich zu erleben und deshalb diese Emotionen durch ein ausgeprägtes Harmoniebedürfnis zu vermeiden. Dieses Harmoniebestreben sollte zugunsten einer konstruktiven Auseinandersetzung innerhalb der Gruppe reflektiert werden (vgl. Focks, 2002, S. 151).

Ein Kind auf dem Meckerstuhl wird dazu aufgefordert, deutlich zu benennen, was ihm in einer Situation nicht gefallen hat.

Aufgabe

Entwickeln Sie Ideen, wie die Beteiligung von Kindern im Sinne der Partizipation im Kindergartenalltag erfolgen kann. Überlegen Sie, welche Konflikte insbesondere zwischen Jungen- und Mädchengruppen entstehen könnten und konstruieren Sie Lösungsvorschläge für einen derartigen Konflikt.

7.6 Kinder mit Migrationshintergrund

Der Anteil von Jungen und Mädchen im Kindergarten, die aus anderen Herkunftskulturen stammen, liegt in Großstädten bei 40–50 %. Diese Tatsache muss in die Überlegungen zur geschlechtsbewussten Pädagogik mit einbezogen werden (vgl. Walter, in: KITA SPEZIAL 2008, S. 6).

Für Kinder mit einem Migrationshintergrund gilt in der Regel, dass sie bis vor Eintritt in den Kindergarten in einem Umfeld bzw. in einem Elternhaus aufgewachsen sind, welches von einer nicht-deutschen Kultur geprägt ist. Damit ist nicht nur eine andere Sprachkultur oder religiöse Kultur gemeint, sondern auch geschlechtsspezifische Erfahrungen und vorgelebte Geschlechterrollen.

Kinder aus anderen Kulturen erfahren im Kindergarten die westliche Kultur und mit ihr die traditionellen westlichen kulturell-gesellschaftlichen (und darüber hinaus alternativen) geschlechtstypischen Rollenstereotype und Rollenbilder.

Im Kindergarten geraten die Vorstellungen von weiblichen und männlichen Rollen oftmals aneinander. So finden es Erzieherinnen beispielsweise unverständlich und befremdlich, wenn ein kleiner Junge seiner große Schwester Kommandos und Anweisungen gibt oder wenn eine Mutter, welche die Erziehung ihrer Kinder vollständig übernimmt, ihren Mann generell um Erlaubnis fragen muss, wenn es etwa um die Teilnahme ihres Kindes an einem Ausflug geht.

„Verständigungsversuche zwischen Kulturen sind eine Gratwanderung zwischen dem Eintreten für die eigenen Werte und Respekt und Toleranz für das Fremde. Weder das konservative Gefasel von einer ‚Leitkultur in Deutschland' noch die Idealisierung des multikulturellen Miteinanders wird der Wirklichkeit gerecht."
(Rohrmann, 2001, S. 67)

Die Erzieherin muss um den kulturellen Hintergrund, das Milieu bzw. die geschlechtsspezifischen Vorerfahrungen des jeweiligen Kindes wissen. Bereits das Aufnahmegespräch sollte dazu genutzt werden, um derartige Informationen zu erhalten. Die Kinder sollten von ihren Erlebnissen als Junge und als Mädchen sowie der Rolle ihrer Mutter und ihres Vaters bzw. von Männern und Frauen generell erzählen. Dies kann im Hinblick auf vielfältige Geschlechterrollenbilder zum Gespräch und zur Auseinandersetzung anregen, und damit eine Bereicherung für alle Jungen und Mädchen der Gruppe sein.

Je mehr die Erzieherin über die Geschlechterrollen der Kulturen und Milieus weiß, die in ihrem Kindergarten vorhanden sind, desto besser kann sie die Reaktionen und Verhaltensweisen der Kinder verstehen und geschlechtsbewusst pädagogisch agieren.

Beispiel:
Hasane stammt aus einem marokkanischen Elternhaus und ist seit einem halben Jahr im Kindergarten. Die Erzieherin ärgert sich oft, weil er niemals sein Frühstücksgeschirr wegräumt, so wie es die Gruppenregelung festschreibt. Somit ermahnt die Erzieherin Hasane täglich, sein Geschirr auf den Frühstückswagen zu stellen, bevor er zum Spielen geht. „Wieso ich?" wundert sich Hasane „Das kann doch Katja machen oder du."

Aufgaben

1. Wie erklären Sie sich das Verhalten von Hasane?
2. Wie könnte die Erzieherin den Konflikt lösen?

Es ist ein weitverbreitetes Klischee, dass Menschen mit einem Migrationshintergrund in Deutschland eine soziokulturell homogene Gruppe seien. Im Rahmen einer Untersuchung der Lebenswelten von Menschen mit Migrationshintergrund in Deutschland zeigte sich, dass sie in acht verschiedene Gruppen eingeteilt werden können, die jeweils ein spezifisches Milieu beschreiben. Diese Milieus differenzieren sich in ihren Lebensauffassungen und Lebenswelten weitaus genauer, als wenn Gruppen nach Herkunftskultur gebildet werden. Die Menschen eines Migrantenmilieus haben ähnliche Grundorientierungen und Werte, einen ähnlichen Lebensstil und leben in einer ähnlichen sozialen Lage. Die Herkunftskultur des Menschen sagt nichts über sein Milieu aus. Und vom Milieu des Menschen lassen sich keine Rückschlüsse auf seine Herkunftskultur schließen. Faktoren, wie etwa die religiöse oder ethnische Zugehörigkeit, beeinflussen zwar die Alltagskultur, sind jedoch nicht ausschlaggebend für die jeweilige Identität und das Milieu eines Menschen (vgl. Untersuchung „Lebenswelten von Migrantinnen und Migranten in Deutschland", hrsg. vom Bundesministerium für Familie, Senioren, Frauen und Jugend, 2007).

Aus der Untersuchung des Bundesministerium für Familie, Senioren, Frauen und Jugend im Jahre 2007 geht hervor, dass im Großteil der Migrantenmilieus traditionelle Geschlechterrollenbilder bestehen. Die folgende Auflistung aus der Untersuchung zeigt die Ergebnisse differenzierter.

1. **Religiös-verwurzeltes Milieu**

   Archaisches, bäuerliches geprägtes Milieu, verhaftet in den sozialen und religiösen Traditionen der Herkunftsreligion.

   Traditionell patriarchalische Rollen- und Aufgabenteilung mit „Außenminister" und „Innenministerin", ungebrochene Identifikation mit den klassischen Geschlechtsrollenstereotypen.

2. **Traditionelles Gastarbeitermilieu**

   Traditionelles Blue-Collar-Milieu der Arbeitsmigranten, die den Traum einer Rückkehr in die Heimat aufgegeben haben.

   Traditionelle Vorstellungen von der männlichen und der weiblichen Rolle: Eine Frau findet ihre Erfüllung in erster Linie in der Familie und sucht im Mann jemanden, den sie respektieren kann.

3. **Statusorientiertes Milieu**

   Klassisch aufstiegsorientiertes Milieu, das – aus kleinen Verhältnissen kommend – für sich und seine Kinder etwas Besseres erreichen will.

   Traditionell geprägte Rollenbilder von Mann (Beschützer, Entscheider) und Frau (Hausfrau, Mutter), die aber von den Frauen der zweiten Generation zunehmend modifiziert werden.

4. **Entwurzeltes Flüchtlingsmilieu**

   Sozial und kulturell entwurzeltes (traumatisiertes) Flüchtlingsmilieu – stark materialistisch geprägt.

   Überforderung durch den fortgeschrittenen Rollenwandel in Deutschland, Verteidigung der alten Rollenklischees: Der Mann ist Herr im Haus, die Frau hat sich unterzuordnen (und tut das in aller Regel auch).

5. **Intellektuell-kosmopolitisches Milieu**

   Aufgeklärtes, nach Selbstverwirklichung strebendes Bildungsmilieu mit einer weltoffen-toleranten Grundhaltung und vielfältigen intellektuellen Interessen.

   Emanzipation, Gleichstellung und Rollenflexibilität als Norm, aber Männer und Frauen sind unterschiedlich geprägt; viel Unsicherheit und „Beziehungsarbeit".

6. **Adaptives Integrationsmilieu**

   Die pragmatische moderne Mitte der Migrantenpopulation, die nach sozialer Integration und einem harmonischen Leben in gesicherten Verhältnissen strebt.

   Meist durch die Erziehung im Herkunftsland traditionell geprägte Rollenbilder, die mit den im Zuzugsland übernommenen Einstellungen und Normen konfligieren (in Konflikt geraten).

7. **Multikulturelles Performermilieu**

   Junges, flexibles und leistungsorientiertes Milieu mit bi- bzw. multikulturellem Selbstbewusstsein, das nach Autonomie, beruflichem und intensivem Leben strebt.

   Trotz Ablehnung einer Typisierung auf der Einstellungsebene („das kann man nicht verallgemeinern") dominieren – von der Herkunftskultur geprägte – traditionelle und moderne Rollenstereotypen.

8. **Hedonistisch-subkulturelles Milieu**

   Die unangepasste zweite Generation mit defizitärer Identität und Perspektive, die Spaß haben will und sich den Erwartungen der Mehrheitsgesellschaft verweigert.

   Starke Rollenkonflikte: Stilisierung überkommener Geschlechtersymbolik im Widerstreit mit Freiheits- und Entpflichtungssehnsüchten; konfligierende Rollenzuschreibungen und Bedürfnisse von Frauen und Männern.

(Bundesministerium für Familie, Senioren, Frauen und Jugend, 2007)

Insgesamt zeigte die Untersuchung, dass vor allem die zweite Generation der Migrantinnen und Migranten aus der Türkei, Ex-Jugoslawien und den südeuropäischen Ländern die Vorstellung der Gleichstellung von Frauen und Männern für sich übernommen hat.

Aufgaben

1. Wählen Sie ein Bilderbuch für Kinder aus, in dem andere Kulturen sichtbar sind. Analysieren Sie das Buch nach folgenden Kriterien und stellen Sie Ihr Ergebnis abschließend in der Klasse vor.

   Wenn Sie selbst aus einer anderen Kultur kommen, dann wählen Sie bitte ein Bilderbuch, welches Sie möglicherweise noch aus Ihrer Kindheit haben. Gegebenenfalls sollte es in die deutsche Sprache übersetzt werden. Gestalten Sie die Analyse wie folgt:

   Titel: _____

   Autor/-in: _____

   Erscheinungsjahr: _____

   Kurze Inhaltsangabe des Buches

Analyse hinsichtlich folgender Aspekte:
1. Rollen und Funktionen
2. Umgebung
3. Spiel und Arbeit
4. Familienalltag
5. Körperhaltung
6. Gefühle
7. Verhaltensweisen

2. *Fassen Sie zusammen, welches Bild von Weiblichkeit bzw. Männlichkeit in diesem Buch zum Ausdruck kommt.*

3. *Würden Sie dieses Buch den Kindern im Kindergarten anbieten? Begründen Sie Ihre Meinung.*

7.7 Elternarbeit

Eltern als Sozialisationsinstanz und als wichtigste Bezugspersonen der Kinder können einen erheblichen Beitrag zur geschlechterbewussten Pädagogik im Kindergarten leisten, wenn sie in Aktivitäten und Projekte eingebunden werden.

Die typischen Formen der Elternarbeit im Kindergarten sind:
- das Aufnahmegespräch,
- Tür- und Angelgespräche,
- das geplante Elterngespräch,
- Elterabende,
- Hospitationen der Eltern in der Kindergartengruppe,
- besondere Aktionen mit Kindern und Eltern (Ausflüge, Feste, ...),
- Öffnung ins Gemeinwesen (wie etwa Kooperaion mit anderen Kindergruppen oder Familienbildungsstätten),
- Eltern in Gremien (Elternbeirat),
- Gespräch der Erzieherinnen über die Eltern,
- Einholen bzw. Beachten von Elterneinstellungen zum Kindergarten und zur Erziehung.

(vgl. Verlinden/Külbel, 2005, S. 21)

Väter und Elternarbeit

Untersuchungen bestätigen, dass sich die typischen Formen der Elternarbeit in der Praxis an die Mütter und weniger an die Väter richten. Dies resultiert daraus, dass Mütter in den meisten Fällen einen Großteil der Erziehungsarbeit übernehmen.

- Da in den meisten Fällen die Kinder von ihren Müttern in den Kindergarten gebracht und von ihnen abgeholt werden, findet ein wesentlicher Informationsaustausch im Rahmen der „Tür- und Angelgespräche" ohne Väter statt.
- An Elternabenden und bei Hospitationen beteiligen sich wesentlich mehr Mütter als Väter.
- Bei besonderen Aktionen treten die aktiven Väter zumeist rollentypisch auf. So stehen sie beim Grillfest am Grill oder beteiligen sich an Renovierungsarbeiten in der Gruppe. Väter werden tendenziell handwerklich und organisatorisch eingebunden, während Mütter eher hauswirtschaftliche und pflegerische Aufgaben übernehmen.
- In den Gremien, die das KJHG im § 26 festschreibt, wirken wesentlich (drei Viertel) mehr Mütter als Väter mit.
- Die Abwesenheit der Väter in Kindergärten führt dazu, dass die männliche Bezugsperson der Kinder den Erzieherinnen wenig oder gar nicht bekannt ist. Sie können kaum Aussagen über sie treffen – im Gegensatz zu den vergleichsweise sichereren Einschätzungen der Mütter.

(vgl. Verlinden/Kübel, 2005, S. 21 ff.)

Um einen grundlegenden Beitrag geschlechtsbezogener Pädagogik leisten zu können, müssen Väter aktiv in die Kindergartenarbeit einbezogen werden.

Verlinden nennt vier wesentliche Aufgaben der Elternarbeit, um interessierte und engagierte Väter zu erreichen:

1. **Väterfreundliche Signale von Anfang an**

Von Anfang an sollten seitens des Kindergartens väterfreundliche Signale gesendet werden, damit sich Väter im Kindergarten wahrgenommen und willkommen fühlen. So sollten Erzieherinnen beispielsweise nach abwesenden Vätern fragen sowie Väter genauso wie Mütter in schriftlichen Ankündigungen oder Informationsbriefen benennen („Liebe Mütter und liebe Väter, anstatt „Liebe Eltern!") Auf diese Weise sollen Väter nicht nur in die Einrichtung eingeladen werden, sondern auch zur aktiven Elternarbeit motiviert werden. Für Hospitationen sollten Väter darüber hinaus auch direkt angesprochen werden. Die meisten Väter können eine Hospitation mit ihren beruflichen Arbeitszeiten in Einklang bringen. Notfalls lässt sich auch ein Tag Urlaub dafür nehmen. Es ist wichtig, dass die Erzieherinnen den Vätern vermitteln, wie notwendig und erwünscht die Zusammenarbeit mit ihnen ist und dass sie Termine auf die Lebenslage der Väter abstimmen. Eine besondere Wertschätzung der Väterbeteiligung kann beispielsweise auch durch eine Informationswand für Väter im Kindergarten mit Terminen zur Väterbegegnung (beispielsweise im Rahmen eines Väterstammtisches) oder eine bebilderte Dokumentation der letzten Vater-Kind-Aktion, hervorgehoben werden. Eine weitere Möglichkeit ist das Einrichten einer „Väterecke" im Eingangsbereich der Kindertagesstätte. Die Väterecke kann von den Erzieherinnen zusammen mit den Kindern immer wieder neu gestaltet werden, wie etwa durch Produkte der letzten Väter-Kind-Aktion. Erzieherinnen können dort spezielle Informationen, Adressen und Internetlinks für Väter ebenso aushängen wie aktuelle Zeitungsartikel zur Vaterrolle.

2. **An väterlichen Fähigkeiten anknüpfen**

Damit sich Väter der Elternarbeit im Kindergarten gewachsen fühlen, sollte zunächst an ihren Fähigkeiten angeknüpft werden, wie etwa solchen aus dem handwerklichen Bereich. Die mögliche Hemmschwelle zur aktiven Beteiligung wird auf diese Weise niedrig gehalten, denn Väter können sich in ihrer männlichen Rolle „treu bleiben". Individuelle Fähigkeiten, und damit Ansatzpunkte für die jeweilige Väterarbeit, könnten etwa im Rahmen des Aufnahmegesprächs oder durch einen Fragebogen erfragt werden. Um Väter zu Hospitationen zu animieren, bietet es sich an, dass ihnen eine bestimmte Aufgabe übertragen wird, damit sie sich im weiblich geprägten Kindergarten nicht allzu orientierungslos fühlen. Hierbei könnte es sich beispielsweise um eine Beobachtungsaufgabe handeln: „Mit wem und was spielt Ihr Kind an diesem Tag am meisten? Gibt es Unterschiede zwischen dem Spielverhalten zu Hause und in der Kindergartengruppe?" Die jeweiligen Ergebnisse sollten am Ende des Tages mit der Erzieherin ausgewertet werden und zum Gespräch anregen.

3. Den Alltag der Väter aufgreifen

Um eine aktive Teilnahme der Väter am Kindergartengeschehen zu ermöglichen, ist der Alltag der Väter zu berücksichtigen. So ist es eine grundlegende Voraussetzung bei der Terminfestlegung von Elterngesprächen, Kindergartenaktionen und Elternabenden, dass diese zu Zeiten stattfinden, an denen berufstätige Väter die Möglichkeit zur Teilnahme haben. Die Väter sollten nach verfügbaren Zeiten befragt werden, um damit eine Verbindlichkeit durch direkte Stellungnahmen der Väter zu erzielen. Denkbar wären auch besondere Aktionen am Wochenende wie beispielsweise ein Vater-Kind-Frühstück oder eine Vater-Kind-Bewegungsbaustelle. Erlebnisorientierte Angebote sind für die meisten Väter verlockender und die Chance der Teilnahme größer.

4. Verstehen, wie Väter zu Kind und Familie stehen

Die Erzieherinnen sollten verstehen, wie Väter zu Familie und Kindern stehen bzw. ihre Rolle als Vater sehen und ausfüllen. Im Rahmen des Aufnahmegesprächs könnten schon die ersten Sichtweisen der Väter eingeholt werden. So ist es beispielsweise aufschlussreich, ob ein Vater beim Geburtsvorbereitungskurs aktiv dabei war.

Durch aktive Teilnahme am Kindergartengeschehen bekommen Väter die Chance, einen anderen Zugang zu ihrer Rolle in der Familie und der Vaterrolle zu erhalten. Auch Väter sind

in der Regel daran interessiert, das eigene Kind im Kindergarten zu erleben und zu sehen, mit wem es einen Großteil des Tages verbringt (vgl. Verlinden/Külbel, 2005, S. 43 ff.).

„Bewusstes Wahrnehmen, Kontakte und Gespräche mit Vätern im Kindergarten dürften helfen, Väter zukünftig weniger einseitig einzuschätzen und ihre Einstellungen zu Familie, Kindergarten und Erziehung zu verstehen. Gezielte Angebote an Väter, mitzuwirken, mitzuspielen und zu hospitieren, tragen dazu bei, Gräben der Unkenntnis zwischen Fachkräften und Vätern zu überbrücken."
(Verlinden/Külbel, 2005, S. 54)

Wenn dem Kind kein Vater zur Verfügung steht, dann sollten im Interesse des Kindes andere männliche Bezugspersonen in die Elternarbeit mit einbezogen werden, wie etwa der Großvater oder ein Freund der Familie, der einen positiven Kontakt zum Kind hat (vgl. Verlinden/Külbel, 2005, S. 56).

Elternabende

Elternabende im Kindergarten sind obligatorisch. In traditioneller Form sind es Informations-, Vortrags- oder auch Diskussionsveranstaltungen. Sie haben einerseits die Funktion, den Eltern Hilfen hinsichtlich der Kindererziehung zu vermitteln und ihnen andererseits Informationen über den Kindergartenalltag zu geben.

Je nach Bedarf werden **themenbezogene Elternabende** veranstaltet. Es bietet sich an, einen Elternabend zum Thema „geschlechtsbewusste Erziehung" zu veranstalten.
Viele Eltern sind jedoch der Auffassung, dass das Geschlecht für Kinder im Vorschulalter noch keine große Rolle spiele. Die Erzieherin könnte in einem Vortrag über die hohe Relevanz des Geschlechts im Kindergartenalter bzw. den Aufbau von Geschlechtsidentitätsentwicklung auf die Wichtigkeit dieses Themas hinweisen. Um Eltern jedoch zunächst an das Thema heranzuführen, kann es sinnvoll sein, einen anderen thematischen Aufhänger wie beispielsweise **„Das Spielzeug meines Kindes"** zu wählen.

Impulsfragen für einen Elternabend zum Thema „Spielzeug":

- Was hat mein Kind zu Hause für Spielzeug?
- Womit spielt es am liebsten?
- Was spiele ich gerne mit meinem Kind?
- Was lernt mein Kind bei seinen Lieblingsspielen und durch sein Lieblingsspielzeug?
- Welche Fertigkeiten trainiert mein Kind durch diese Spiele?
- Würde mein Kind anderes Spielzeug haben, wenn es das andere Geschlecht hätte?
- Würde ich mein Kind zu anderen Spielen ermuntern, wenn es das andere Geschlecht hätte?
- Was bedeuten die Spielvorlieben meines Kindes möglicherweise für seine berufliche Zukunft?
- …

Nach einem Austausch und einer Information seitens der Erzieherin zum Thema „Geschlechtsspezifisches Spielzeug und die sozialen Folgen" könnten gemeinsam mit den Eltern alternative Spielmöglichkeiten für ihre Kinder erdacht werden.

Um geschlechtsspezifische Themen und Erfahrungen gezielter und intensiver zu bearbeiten, ist es sinnvoll, (auch) geschlechtergetrennte Elternabende zu veranstalten. Besonders den Vätern sollte dabei die Notwendigkeit der Anwesenheit von Männern im Kindergarten zur Identitätsfindung der Jungen vor Augen geführt werden, damit sie sich in Projekten oder bei Aktivitäten des Kindergartens engagieren.

Aufgaben

1. Entwickeln Sie väterorientierte Aktivitäten und Aktionen, die Väter mit den Kindern im Kindergarten durchführen könnten.

   Beispiele
   - „Reparaturwerkstatt" – Väter und Kinder reparieren an einem Sonntag gemeinsam Spielzeug im Kindergarten
   - „Bewegungsbaustelle am Samstag" – Väter und Kinder treffen sich einmal im Monat, um eine Bewegungsbaustelle aus Turnmaterial zu bauen und damit gemeinsam zu spielen.

2. Planen Sie in Partnerarbeit einen Vater-Kind-Nachmittag. Formulieren Sie das Thema, den geplanten Ablauf, die organisatorischen Planungen (wie beispielsweise Aufgabenverteilungen) sowie ein Anschreiben an die Väter. Tauschen Sie Ihre Ergebnisse anschließend in Ihrer Klasse aus.

3. Planen Sie schriftlich eine Info-Rallye für „neue Väter" im Kindergarten. Ziel dieser Rallye ist es, dass die Väter sich mit dem Kindergarten, den Räumen des Kindergartens sowie des Außengeländes vertraut machen. Entwickeln Sie dazu Aufgaben im kreativen, kognitiven und sozialen Bereich, welche die Väter und Mütter mit ihren Kindern lösen sollen.

   Beispiele für Aufgaben:
   Kreativer Bereich: Suchen Sie das beste Kinderversteck in der Einrichtung.
   Kognitiver Bereich: Zählen Sie die Fenster des Kindergartengebäudes.
   Sozialer Bereich: Suchen Sie sich ein Spielzeug aus, mit dem Sie als Kind gerne gespielt haben oder hätten. Stellen Sie dieses anschließend den anderen Vätern und Kindern vor (vgl. Verlinden/Külbel, 2005, S. 64).

4. Entwickeln Sie eine solche Rallye für „neue Mütter". Welche Aufgaben würden Sie dann wählen?

Tipp

Weitere Ideen zur Zusammenarbeit mit Vätern in Kindertagesstätten finden sich in Martin Verlinden/Anke Külbel: Väter im Kindergarten. Anregungen für die Zusammenarbeit mit Vätern in Tageseinrichtungen für Kinder. Weinheim, Basel 2005.

7.8 Alternative sexuelle Orientierungen und Lebensformen thematisieren

Die als Norm betrachtete sexuelle Orientierung von Menschen wird auf die heterosexuelle Lebensweise reduziert. Dies zeigt sich besonders in der Institution Ehe.

Heterosexuelle Liebes- und Lebensgemeinschaften als Norm spiegeln sich im Alltag der Kinder wider. Homosexualität oder Bi-Sexualität wird gesellschaftlich als Abweichung der Norm gesehen und taucht nur selten in der Welt der Kinder auf, wie etwa in Bilderbüchern. Dabei sind gleichgeschlechtliche Lebensgemeinschaften ein Teil der gesellschaftlichen Realität.

Über die genaue Zahl lesbischer Frauen und homosexueller Männer gibt es keine genauen Zahlen. Es wird geschätzt, dass in den westlichen Gesellschaften ca. drei Prozent der über 20-jährigen Männer eine homosexuelle Identität haben. Weitere drei Prozent haben bisexuelle Lebensphasen. Ähnliches gilt für Frauen (vgl. Sozialwerk e.V. des Lesben- und Schwulenverbandes, 1999, S. 9).

Besonders wenn ein Kind der Gruppe in einer gleichgeschlechtlichen Lebensgemeinschaft aufwächst, ist es notwendig, diese Realität in den Kindergarten zu bringen. Aber auch wenn alle Kinder der Gruppe in heterosexuellen Familien leben, ist es eine Bereicherung für sie, zu erkennen, dass auch ein Leben und Liebe unter Frauen bzw. unter Männern möglich ist.

Aufgabe
Recherchieren Sie nach Bilderbüchern, die gleichgeschlechtliche Lebensweisen thematisieren. Stellen Sie Ihr Ergebnis in der Klasse vor. Wie viele Bücher haben Sie innerhalb Ihrer Lerngruppe gefunden? Welche gesellschaftliche Realität spiegelt Ihr Ergebnis wider?

8 Gender Mainstreaming

In diesem Kapitel erwerben Sie folgende Kompetenzen:

– Kenntnisse über die Bedeutung des Begriffs „Gender Mainstreaming"

– Wissen über Umsetzungsmöglichkeiten von „Gender Mainstreaming" im Kindergarten

Gender Mainstreaming bedeutet wortwörtlich übersetzt so viel wie „das soziale Geschlecht in den Hauptstrom bringen". Geschlechtsbezogene Faktoren sollen demnach in „der ganzen Breite des Alltagshandelns" berücksichtigt werden.

8.1 Das politische Anliegen von Gender Mainstreaming

Das Bundesministerium für Familie, Senioren, Frauen und Jugend definiert „Gender Mainstreaming" als den „Prozess und die Vorgehensweise, die Geschlechterperspektive in die Gesamtpolitik aufzunehmen". Es geht dabei um die Gleichstellung von Frauen und Männern. Gender Mainstreaming soll laut Bundesregierung in allen Politikfeldern orientierend und handlungsleitend sein – so auch in der Kinder- und Jugendhilfe (vgl. Rohrmann, 2003, S. 249 ff.).

Seit 1949 steht im Grundgesetz Artikel 3, Absatz 2:
1. Alle Menschen sind vor dem Gesetz gleich.
2. Männer und Frauen sind gleichberechtigt.
3. Niemand darf wegen seines Geschlechts, seiner Abstammung, seiner Rasse, seiner Sprache, seiner Heimat und Herkunft, seines Glaubens, seiner religiösen und politischen Anschauung benachteiligt oder bevorzugt werden.

Trotz dieses Gesetzes sah die Lebensrealität von Männern und Frauen entsprechend ihrer gewohnten Traditionen aus. So waren Frauen in der Regel weiterhin für Familie und Haushalt zuständig, während Männer das Geld zum Familienunterhalt erwirtschafteten.

In den 70er-Jahren wurden im Zuge der Frauenbewegung, basierend auf der feministischen Sozialforschung, diese traditionellen Ungleichheiten der Geschlechter thematisiert. Als eine Konsequenz wurden besondere Angebote für Mädchen und Frauen etabliert, die ihre gesellschaftliche Unterlegenheit in jedem Lebensbereich (wie etwa Zugang zu gut bezahlten Berufen oder zu öffentlichen Geldern) kompensieren sollten. So wurden beispielsweise Mädchengruppen in Jugendhäusern eingerichtet oder Rechts-, Finanz- und Karriereberatungszentren für Frauen gegründet. Diese Einrichtungen hatten die spezifischen Bedürfnisse der Mädchen und Frauen im Blick. In den 80er-Jahren entstanden in Städten und Gemeinden Gleichstellungsstellen für Frauen.

Es entwickelte sich mehr und mehr ein politisches Bewusstsein dafür, dass Frauen bei gesellschaftlichen und politischen Entscheidungen und Entwicklungen geschlechtergerecht einbezogen werden müssen. Es entstand der Begriff des „Gender Mainstream", der nicht nur die Entfaltungschancen von Frauen betont, sondern vielmehr die beider Geschlechter. Das Prinzip des Gender Mainstream wurde Mitte der 80er-Jahre auf der Weltfrauenkonferenz in Nairobi beschlossen und 1995 auf der Konferenz in Peking durch die Beschlüsse zur Umsetzung nationaler Strategien bestätigt. 1996 wurde Gender Mainstreaming im Amsterdamer Vertrag der EU festgeschrieben und ist damit verpflichtendes Leitbild für alle Mitgliedstaaten der EU (vgl. Walter, 2005, S. 40 ff.).

Gender Mainstreaming muss auf allen kulturell-gesellschaftlichen Ebenen ansetzen, wie z. B. in der Politik, der Wirtschaft, im Gesundheitswesen, der Gesetzgebung, auf dem Arbeitsmarkt etc.

Die kommunale Politik und Verwaltung der Stadt Wien hat zur Umsetzung von Gender Mainstreaming bereits einige Rahmenbedingungen geschaffen, die den Stadtbewohnerinnen und Bewohnern gleichwertige Lebensverhältnisse ermöglichen. Die Bedürfnisse, Ansprüche und Wünsche der in Wien lebenden Männer und Frauen wurden bzw. werden in diesen Rahmenbedingungen berücksichtigt. Gemäß der Leitlinie des Gender Mainstreaming wurden bisher beispielsweise öffentliche Grünanlagen, öffentliche WC-Anlagen, Tiefgaragen, Friedhöfe sowie Schulhöfe neu gestaltet.

Das Stadtbild von Wien ist mittlerweile durch neue öffentliche Hinweisschilder ergänzt worden, auf denen sowohl männliche als auch weibliche Menschen zu sehen sind. Dies ist ein Beitrag, geschlechtsstereotype Rollenbilder aufzuweichen.

Geschlechtersensible Gestaltung öffentlicher Räume

Ein Beispiel: Grünanlagen in Wien

Auf welche Weise Grünanlagen in einer Stadt genutzt werden, ist abhängig von Alter, Familien- und Haushaltsstruktur, Erwerbstätigkeit oder Nichterwerbstätigkeit der in der Nähe lebenden Bevölkerung sowie von sozialökonomischen Faktoren, wie etwa der Berufsgruppenzugehörigkeit, der kulturellen Herkunft und dem Geschlecht.

Männer und Frauen sowie Jungen und Mädchen nutzen Parkanlagen unterschiedlich. Die geschlechtsspezifische Sozialisation und geschlechtliche Rollenzuweisungen hat beispielsweise zur Folge, dass größere Jungengruppen häufiger und dominanter hinsichtlich Lautstärke, Raumbesetzung und Durchsetzung ihrer Interessen in Grünanlagen auftreten als Mädchen. Dies wirkt sich oftmals negativ auf Mädchen, kleine Kinder und ältere Menschen aus. Sie nutzen die Parks weniger und lassen sich durch die Inszenierungen der Jungen „vertreiben" bzw. werden von den männlichen Gruppen vertrieben. Letzteres geht möglicherweise mit sexualisierten verbalen oder auch körperlichen Übergriffen einher.

In Wien wurden einige Parks gezielt so geplant und gestaltet, dass beide Geschlechter die Grünanlagen tatsächlich nutzen können. Um den tatsächlichen Bedarf zu ermitteln, wurden Befragungen durchgeführt.

Diese Befragungen ergaben, dass Mädchen und Frauen folgende Spiel- und Bewegungsinteressen haben: Volleyball, Badminton, Rollschuhlaufen, Klettern, Balancieren, Schaukeln, Basketball, Fußballspielen auf einem geschützten, eigenen Platz, Rückzugsmöglichkeiten durch Nischen, Lauben, Sitzmauern u. Ä. Darüber hinaus äußerten Mädchen und Frauen, dass die Hauptwege der Grünanlage überschaubar und einsehbar sein sollen (wie etwa mit Sichtkontakt zur Straße oder zu Wohngebäuden), dass die Wege gut beleuchtet, die Parkanlage sauber gehalten und mit Toiletten ausgestattet werden.

Die Wünsche der Jungen und Männer waren: freie Plätze und Käfige zum Fußballspielen, Basketballkörbe und Rampen zum Skaten.

Eltern bzw. Betreuungspersonen von Kleinkindern waren abgegrenzte Spielbereiche wichtig sowie ausreichende Kombinationen von Tischen und Bänken, die in Sichtkontakt zum Kinderspielbereich sind. Des Weiteren wünschten sie sich in den Parkanlagen Zugang zu Wasser, funktionierende, saubere Toiletten, Wickelplätze, Schattenplätze und eine Beleuchtung, die den Park im Winter auch noch am späten Nachmittag benutzbar macht.

Die beschriebenen Bedürfnisse und Wünsche von Mädchen und Frauen sowie Jungen und Männern wurden bei der Planung und Umgestaltung ausgewählter Parkanlagen berücksichtigt und umgesetzt. Im Rahmen von Projekten und Wettbewerben wurden nicht nur Landschaftsplaner/-innen, sondern auch die Bürgerinnen und Bürger, sowie explizit Mädchen und Jungen, in die geschlechtersensible Parkgestaltung einbezogen.

(vgl. Projektstelle Gender Mainstreaming der Stadt Wien, 2008)

Geschlechtersensible Verkehrplanung

Die Anforderungen, die an den öffentlichen Raum gestellt werden, sind unterschiedlich und abhängig vom jeweiligen Blickwinkel, etwa dem eines Autofahrers oder Fußgängers. Auch der Alltag bzw. die Rollen und Möglichkeiten der Menschen sind zu beachten.

In der Regel sind häufiger Frauen, Kinder und ältere Menschen zu Fuß in der Stadt unterwegs als Männer. Überwiegend Frauen betreuen und versorgen Kinder und ältere Menschen. Sie legen im Alltag viele Wege im Wohnort zurück und nutzen häufiger als Männer öffentliche Verkehrsmittel. Dabei sind sie oft mit langsameren Verkehrsteilnehmern, wie Kinder oder alte Menschen, unterwegs. Diese Fakten sind bei einer geschlechtergerechten Verkehrplanung zu berücksichtigen.

Um diesen Sachverhalten im Sinne des Gender Mainstreaming gerecht zu werden, wurden in der Stadt Wien beispielsweise folgende Umbaumaßnahmen unternommen:

- Gehsteige wurden auf eine Breite von zwei Metern vergrößert.
- Bauliche Maßnahmen an Kreuzungen wurden vorgenommen, welche die Sicherheit im Straßenverkehr erhöhen, z. B.
    - Gehsteigdurchziehungen, welche verkehrsberuhigte Bereiche an Schnittstellen von Neben- und Hauptsraßen oder den Beginn von Wohnstraßen kennzeichnen.
    - Gehsteige wurden vorgezogen, sodass die Überquerung der Kreuzung kürzer und die Sicht auf die Fahrbahn verbessert ist.

- In der Nähe von Kindergärten oder Schulen wurden Ampeln mit Druckknopf installiert, die fußgängerfreundlich auf „Sofort-Grün" programmiert sind.

- Fußwege wurden barrierefrei gestaltet, sodass beispielsweise Kinderwagenrampen am Gehsteig gebaut wurden und Gehsteigstufen beseitigt wurden.

- Es wurden Beleuchtungen angebracht, die in der Dunkelheit Fußgängern ein sicheres Gefühl vermitteln.

(vgl. Leitstelle für Alltags- und Frauengerechtes Planen und Bauen der Stadt Wien, 2008)

8.2 Was bedeutet Gender Mainstreaming für die Kindergartenpädagogik?

„Die Kommission des 11. Kinder- und Jugendberichts fordert eine differenzierte Sichtweise von Geschlecht von allen Akteuren, auf allen Ebenen und für alle Entscheidungsprozesse. Die besonderen Lebenslagen von Mädchen und Jungen sollen überall berücksichtigt, Angebote und Einrichtungen der Kinder- und Jugendhilfe geschlechtsgerecht ausgerichtet und Mädchen- und Jungenarbeit soll gefördert und evaluiert werden. Neben der gezielten Betrachtung der Kategorie Geschlecht sollen durch eine Entdramatisierung der Geschlechterdebatte auch anderen Kategorien ins Blickfeld geraten wie z. B. Alter, Nationalität, Schicht etc. Um diese Ziele zu erreichen, sollen alle am Prozess beteiligten Personen ihre Sichtweisen und Haltungen vor dem Hintergrund der eigenen biografischen Erfahrungen neu bestimmen."
(Rohrmann, 2003, S. 248)

Was Gender Mainstreaming konkret in der Kinder- und Jugendhilfe bedeutet, ist nicht festgelegt. Verbindliche Richtlinien, die aus einem bestimmten theoretischen Blickwinkel resultieren, haben Politiker/-innen oder Wissenschaftler/-innen nicht vorgegeben. Da der

Begriff „Gender Mainstreaming" in der Kindergartenpädagogik inhaltlich noch nicht gefüllt ist, können Erzieherinnen ihrer persönlichen, fachlichen Ansicht nach geschlechtsbewusst pädagogisch arbeiten.

„Gender Mainstreaming stellt als neues Steuerungsprinzip für die Gestaltung sozialer Handlungsräume hohe Anforderungen an die Qualität, d. h. die wissensbasierte Legitimität von Entscheidungen aller beteiligten Akteure, insbesondere aber derjenigen in den leitenden Positionen. Wird dem neuen Paradigma des Gender Mainstreaming gefolgt, kann es zu erheblichen Umverteilungen von Ressourcen, Einfluss und Selbstverständnissen kommen (müssen). (...) Zu bedenken ist auch, dass Reflexionen und Handeln im Genderzusammenhang auch immer – ausgesprochen oder implizit – das persönliche Selbstverständnis der beteiligten Akteure tangiert. Es muss bedacht werden, dass Gender eine Strukturkategorie ist, das heißt, dass das Geschlechterverhältnis zumeist unsichtbar in den vertrauten Strukturen eingeschrieben ist und erst aufgedeckt werden muss. Eine solche „Entlarvung" von Bedingungen, in denen man sich bislang ganz sicher bewegte und die man für durchaus gut und richtig hält, produziert Ärger, weil man sich sozusagen ertappt fühlt. Trotzdem oder gerade deswegen darf von einer tiefergehenden Genderanalyse vor allem in Institutionen wie dem Kindergarten, die Entwicklung und Bildung von Menschen zur Funktion haben, auf keinen Fall abgesehen werden."
(Rabe-Kleberg, 2003, S. 94)

Bei der Umsetzung von Gender Mainstreaming wird von folgenden drei Schritten ausgegangen:

1. Schritt: Wissen
Im ersten Schritt geht es zunächst um den Erwerb eines theoretischen, empirischen Basiswissens:

- über die Thematik „Gender",
- über die Analyse der Situation von Mädchen/Frauen und Jungen/Männern sowie die Beziehungen zueinander,
- über die Chancengleichheit beider Geschlechter in der Gesellschaft.

Neben diesem Basiswissen ist auch die Aneignung eines speziellen Wissens über geschlechtsspezifische Probleme sowie eine geschlechtsbewussten Sensibilisierung und Motivation zur Auseinandersetzung und Umsetzung des Themenkomplexes „Gender" notwendig.

Im Kindergarten muss dieser Schritt bei den Menschen und auf den Ebenen stattfinden, die in das System „Kindergarten" eingebunden sind. Das sind die zuständigen Ministerien und Parlamente, die Träger und Vertreterinnen der Kommunen, die Kindergartenleitung, die pädagogische Fachkräfte und die Eltern.

Auf allen diesen Ebenen finden strukturelle und inhaltliche Entwicklungsprozesse und Entscheidungen statt. Diesbezüglich ist hervorzuheben, dass Genderkompetenz in die professionelle Erzieherinnenausbildung selbstverständlich einfließen muss. Darüber hinaus sollte die Ausbildung zur Erzieherin so professionalisiert werden, dass sie eine gesellschaftliche Aufwertung erfährt und nicht in den Bereich der schlecht bezahlten Frauenberufe fällt. Anzustreben ist, dass erheblich mehr Männer diesen Beruf ergreifen und dieser – wie in anderen europäischen Ländern auch – im Rahmen eines Hochschulstudiums vorbereitet wird. Berufstätige Erzieherinnen sollten Fort- und Weiterbildungen erhalten, die ihr Wissen über die sozialen Geschlechterkonstruktionen erweitern. Die Geschlechterthematik sollte kontinuierlich im Kindergarten reflektiert werden, sodass sie in den Alltag integriert ist und stets überprüft werden kann.

2. Schritt: Handeln

Der Kindergarten als Institution ist lebendig, d.h. nicht homogen und starr. Daher ist es nicht leicht, allgemeingültige, langfristige Regeln zur Umsetzung des Gender Mainstreaming im Einzelnen zu bestimmen und festzuhalten. Trotzdem sollte es für alle Mitarbeiter/-innen verbindlich sein, dass Gender Mainstreaming auf allen Ebenen des Kindergartens einbezogen ist.

Gender Mainstreaming muss noch in den Kindergartengesetzen festgeschrieben werden. Alle Kindergartengesetze orientieren sich am KJHG, wobei der folgende Paragraf sich in den Gesetzen der Bundesländer derzeit nicht wiederfindet.

KJHG § 9, Abs. 3: Grundrichtung der Erziehung, Gleichberechtigung von Mädchen und Jungen

> (...) (So sind ...) die unterschiedlichen Lebenslagen von Mädchen und Jungen zu berücksichtigen, Benachteiligungen abzubauen und die Gleichberechtigung von Mädchen und Jungen (ist) zu fördern.

3. Schritt: Kontrolle

Damit Gender Mainstreaming auch tatsächlich umgesetzt wird, bedarf es einer Kontrolle. Planungen und erste Umsetzungen von Gender Mainstreaming sollten stets präzise beschrieben werden, sodass eine Auswertung möglich ist.

(vgl. Rabe-Kleberg, 2003, S. 94 ff.)

> *Gender Mainstreaming im Kindergarten ist mehr als geschlechtsbewusste Pädagogik. Es müssen alle Bereiche, welche die Institution Kindergarten berühren und betreffen, beachtet und einbezogen werden. Die konkrete Umsetzung von Gender Mainstreaming im Kindergarten basiert allerdings auf einer geschlechtsbewussten Pädagogik.*

Aufgaben

1. Zählen Sie alle Bereiche des Gender Mainstreaming, die den Kindergarten betreffen, auf.

2. Wählen Sie einen Bereich aus und reflektieren Sie diesen im Hinblick darauf, ob er geschlechtergerecht gestaltet ist. Nennen Sie diesbezügliche Mängel und machen Sie Vorschläge zur Veränderung, die Sie als Erzieherin umsetzen können.

   Beispiel: Die Familie

   Der Kindergarten sollte es Vätern und Müttern ermöglichen, sich gleichermaßen an Erwerbstätigkeit, Haushalt und Erziehung beteiligen zu können. Trotz des Rechts auf einen Kindergartenplatz, ist das eben genannte Anliegen nicht die Realität. Noch immer ist es so, dass in der Regel die Männer die Familien finanzieren, während Frauen in den typischen Frauenberufen nur einen geringen finanziellen Beitrag leisten können und sich zusätzlich um den Haushalt und die Kindererziehung kümmern. Dies wird besonders dadurch deutlich, dass Väter nicht so selbstverständlich aktiv in die Kindergartenarbeit einbezogen werden wie Mütter.

   Um Gender Mainstreaming gerecht zu werden, müssen Väter und Mütter im Kindergarten gleichermaßen angesprochen und in die Aktivitäten mit einbezogen werden. Besonders die Väter sollten mehr Funktionen im Kindergarten ausfüllen, um eine aktive Verantwortung für ihre Erziehungsaufgaben zu übernehmen.

9 Beispiel: Konzeption des ersten geschlechterbewussten Kindergartens

In diesem Kapitel erwerben Sie folgende Kompetenz:

- Kenntnisse über ein praktiziertes Konzept eines geschlechterbewussten Kindergartens

Seit 1999 besteht der erste „geschlechtssensible Kindergarten" in Wien. Der pädagogische Schwerpunkt des Kindergartens „fun & care" ist die Umsetzung geschlechtssensibler Pädagogik.

Die pädagogische Konzeption des Kindergartens basiert darauf, dass Jungen und Mädchen Handlungsspielräume eröffnet werden, um eine tatsächliche Chancengleichheit der Geschlechter zu schaffen. Diese bezieht sich beispielsweise auf die spätere Berufswahl oder eine Partnerschaft. Dabei sollen den Kindern möglichst viele unterschiedliche männliche und weibliche Rollenbilder nahegebracht werden, an denen sie sich orientieren können. Es wird darauf geachtet, dass gesellschaftlich bedingte Einschränkungen eines Geschlechts vermieden werden.

Dementsprechend sind die Räumlichkeiten gestaltet. Es bestehen anstelle von traditionellen Funktionsecken (wie etwa der Bauecke und der Puppenecke) offene Spielbereiche. So können Jungen und Mädchen leichter ihre Spiele kombinieren, ohne vorher in die „Jungendomäne" oder den „Mädchenbereich" eindringen zu müssen.

Das pädagogische Personal des Kindergartens wird regelmäßig für die Thematik „Gender" sensibilisiert. Die Kindergartenleitung ist bemüht, ein Kindergartengruppenteam mit männlichen und weiblichen Erziehern/Erzieherinnen zu besetzen. Auch wird darauf geachtet, dass sehr unterschiedliche Frauen und Männer, die verschiedene Rollenbilder verkörpern, im Kindergarten tätig sind. Frauen und Männer haben unterschiedlichste Positionen in der Hierarchie des Kindergartens und verschiedene Tätigkeitsbereiche, welche die Kinder z. B. beobachten lassen, dass auch Männer gerne für den hauswirtschaftlichen Bereich zuständig sind.

Im Bereich der Elternarbeit wird dafür Sorge getragen, dass Väter sich aktiv einbringen, Verantwortung übernehmen und sich im Kindergarten wohlfühlen.

„Fun & care" wirbt mit dem Angebot der besonderen Förderung für Mädchen und Jungen:

„Mädchen:
- geschlechtergerechter Sprachgebrauch (direkt ansprechen, Verwendung der weiblichen Formen)
- Ermutigung, sich den Platz zu nehmen, den sie brauchen und der ihnen zusteht (z. B. Schutzräume schaffen, Quotenregelung, Mädchenvormittag …)
- Ermutigung, Wünsche, Bedürfnisse und Abneigungen artikulieren können („Nein, geh weg, ich mag das nicht, ich kann das alleine …")
- offensiv auf etwas zugehen können (Fußballspielen, Fangen, …)
- sich wehren und verteidigen können (Zwicken in der Krippe, Verdrängen vom Platz in der Garderobe, Wegnehmen der Autos …)
- schreien und auf sich aufmerksam machen können
- Interesse an Technik, Werken, Computer

Jungen:

- positive Körperwahrnehmung (Massage, Kosmetikkorb – den eigenen Körper pflegen und achten, schön sein, Anbieten von Verkleidungsmaterial: Möglichkeit, in andere Rollen (männlich und weiblich) zu schlüpfen), fürsorgliche und behutsame Interaktion mit anderen Kindern aufnehmen ...)
- positive Besetzung vom Spiel mit „weiblichen" Rollen (Prinzessinnenkleid, Nägel lackieren ...)
- Unterstützung beim Ertragen von Frustration, Verlieren, beim Warten und Zurückstecken eigener Bedürfnisse, Hilfsbedürftigkeit zugeben können, Umgehen damit, dass Mädchen Paroli bieten
- Konflikte begleiten (Alternativen zu Schreien, Toben, Schlagen anbieten)
- Erlernen von Umgang mit Puppen (positiver Begriff: Puppenvater)
- Erlernen von hauswirtschaftlichen Tätigkeiten (positiver Begriff: Hausmann)
- Bildungsgut (Rollenaufteilungen beachten und ändern, kritisch hinterfragen, Alternativen anbieten)"

(Kindergarten Fun & Care/Reinhold Eckhardt, 2009)

In der geschlechtssensiblen Pädagogik steht die Individualität des Kindes im Vordergrund. Es geht darum, bei der Förderung von Jungen und Mädchen, geschlechtstypische Defizite zu vermeiden und Chancengleichheit zu ermöglichen.

Aufgaben

1. Diskutieren Sie die Vor- und Nachteile des hier vorgestellten Konzepts. Welche Aspekte sind Ihrer Ansicht nach pädagogisch wertvoll? An welchen Stellen könnten Probleme auftreten (z. B. mit Jungen oder Mädchen, mit Müttern oder Vätern, mit Kollegen/Kolleginnen)?

2. Welche Elemente dieses Konzepts würden Sie als Erzieherin in Ihre zukünftige Arbeit übernehmen? Begründen Sie Ihre Meinung.

3. Finden Sie sich in Kleingruppen zusammen und stellen Sie sich vor, Sie würden einen Kindergarten eröffnen mit einem geschlechtsbewussten pädagogischen Schwerpunkt. Entwickeln Sie ein pädagogisch-wissenschaftlich fundiertes, überzeugendes Konzept und entwerfen Sie eine Werbebroschüre für Ihren Kindergarten, die sich an potenzielle Mütter und Väter richtet. Bedenken Sie, dass der Standort des Kindergartens in Ihre Überlegungen mit einbezogen werden muss. So kann sich Ihr Kindergarten beispielsweise in einem „sozialen Brennpunkt" oder auf dem Land befinden.

4. Stellen Sie abschließend Ihre Ergebnisse in der Klasse vor.

Anhang

Quiz zum Thema „Geschlechtsidentität"

Spielerinnen: die gesamte Lerngruppe
Spielleitung: die Lehrkraft

Organisation und Ablauf:

1. An die Tafel oder auf ein Plakat wird ein großes Spielfeld wie folgt gezeichnet:

	A	B	C	D
1				
2				
3				
4				

2. Die Schülerinnen bilden gleich große Kleingruppen. Jede Gruppe setzt sich an einen Tisch. Jede Gruppe wählt eine Gruppensprecherin.
3. Aufgabe der Gruppensprecherin ist, die Antwort, welche die Gruppe während des Spiels für richtig hält, laut zu sagen. Nur eine Antwort der Gruppensprecherin hat im Laufe des Spiels Gültigkeit.
4. Jede Gruppe bekommt eine Farbe zugeordnet: blau, rot, grün, schwarz.
5. Eine erste Gruppe beginnt und entscheidet sich für eine Zahl/Buchstabenkombination, wie etwa B3.
6. Die Spielleitung liest die Aufgabe B3 vor.
7. Nun darf die Gruppe beraten und die Gruppensprecherin verkündet das Ergebnis (A, B oder C).
8. Ist das Ergebnis richtig, so wird das Feld auf der Tafel mit der Farbe der Gruppe von der Spielleitung ausgemalt und die Frage ist „aus dem Spiel". Ist das Ergebnis falsch, so berichtet die Spielleitung lediglich „falsch" und die Frage bleibt unbeantwortet im Spiel.
9. Diese Reihenfolge bleibt für alle Gruppen bestehen.
10. Ziel des Spieles ist es, möglichst viele Felder in der eigenen Gruppenfarbe zu erzielen. Bei einer kompletten senkrechten, waagerechten oder diagonalen Linie gibt es drei Extrapunkte bei der abschließenden Auszählung.

Quiz-Fragen:

A1:
In welchem Alter begreifen Kinder, dass ihr Geschlecht ein persönliches, unveränderliches Personenmerkmal ist, welches sie nicht nach Lust und Laune wechseln können?
1. mit 4 bis spätestens 6 Jahren
2. mit 1,5 bis spätestens 2 Jahren
3. ab ca. 6 Jahren

A2:
Ab wann spielt das Geschlecht im Leben eines Menschen eine bedeutsame Rolle?
1. ab der Geburt
2. ab dem zweiten bis dritten Lebensjahr
3. schon vor der Geburt im Mutterleib

A3:
Wie kann eine Erzieherin die Entwicklung der Geschlechtsidentität der Kinder hilfreich begleiten?
1. Die Erzieherin sollte geschlechtstypisches Verhalten der Kinder thematisieren und ggf. verbieten.
2. Die Erzieherin muss aktiv nichts tun, denn die Kinder meistern diese Entwicklungsaufgabe durch Ausprobieren und Experimentieren mit verschiedenen Geschlechterrollen eigenaktiv.
3. Die Erzieherin sollte an geeigneter Stelle Alternativen zu geschlechtstypischem Verhalten anbieten, indem sie dies nach Möglichkeit vorlebt.

A4:
Jungen fehlen oft Vorbilder, mit denen sie sich in ihrer Geschlechterrolle identifizieren können. Mit wem identifizieren sie sich, wenn keine Männer im Kindergarten vor Ort sind?
1. mit den Frauen, weil keine Männer da sind
2. mit Medienhelden, die sie z. B. aus dem TV kennen
3. mit niemandem – deshalb haben sie so viele Probleme mit ihrer Männlichkeit

B1:
Stimmt der Satz: Eine Erzieherin darf keine geschlechtsstereotypen Klischees haben? Sie darf auf keinen Fall Klischees von Männlichkeit und Weiblichkeit im Kopf haben.
1. Doch, sie darf, solange ihr diese bewusst sind und kritisch hinterfragt werden.
2. Sie muss sogar Klischees haben, um den ihr anvertrauten Kindern bei der Entwicklung der Geschlechtsidentität Sicherheit zu bieten.
3. Sie darf keinesfalls Geschlechterklischees im Kopf haben, weil diese ein Handeln bewirken, das die Geschlechtsidentität der Kinder massiv stört.

B2:
Woher stammen größtenteils die Informationen, die Kinder im Vorschulalter sammeln, um herauszufinden, was ihrem Geschlecht entspricht?
1. aus Gesprächen mit der Mutter oder dem Vater
2. aus Beobachtungen im Alltag
3. Kinder fühlen instinktiv, was ihrem Geschlecht entspricht

B3:
Geschlechtsidentität bedeutet, das Gefühl zu haben von einer Einheit/Übereinstimmung ...
1. ... der eigenen männlichen und weiblichen Anteile
2. ... des Selbstbildes/der Selbsteinschätzung und der Beurteilung der eigenen Person durch andere/die Umwelt bezogen auf das Geschlecht
3. ... der Vorstellungen, die ein Mensch hat, wie er seine Geschlechterrolle lebenslang ausfüllen wird

B4:
Was ist der Grund dafür, dass Mädchen sich leichter die Aktivitäten der Jungen aneignen als umgekehrt?
1. das Y-Chromosom der Jungen
2. weil es für Mädchen psychisch leichter ist, sich den gesellschaftlich höher bewerteten Männeraktivitäten zuzuwenden, als es für Jungen ist, eher als minderwertig betrachtete weibliche Aktivitäten auszuführen
3. weil Mädchen über eine bessere Beobachtungsgabe verfügen, ein besseres Einfühlungsvermögen besitzen und somit in der Lage sind, auch Jungenaktivitäten nachzuahmen

C1:
Ab welchem Alter können Kinder wieder flexibel mit Geschlechterrollen umgehen – also erkennen, dass Gefühle, Verhaltensweisen und Aufgaben prinzipiell von beiden Geschlechtern ausgeübt und gezeigt werden?
1. ab ca. 4,5 Jahren
2. ab ca. 7 Jahren
3. ab ca. 12 Jahren

C2:
Wieso verhalten sich Kinder im Alter von 4–7 Jahren im Kindergarten so extrem geschlechtstypisch?
1. weil sie aktiv-kreativ die Entwicklungsaufgabe bearbeiten, ihre Geschlechtsidentität zu finden
2. weil sie ja schließlich männlich oder weiblich sind und dies naturbedingt gerne zur Schau stellen
3. weil ihnen nur geschlechtstypisches Spielzeug im Kindergarten zur Verfügung steht

C3:
Wovon macht ein dreijähriges Kind es abhängig, ob es einen Menschen als weiblich oder männlich identifiziert?
1. Kinder sind in der Lage, dies zu spüren
2. von äußeren Merkmalen, wie etwa Kleidung oder Frisur
3. Kinder fragen alle Menschen ganz direkt nach ihrem Geschlecht, wenn sie dies wissen möchten

C4:
In welchem Alter hat ein Mensch seine Geschlechtsidentität endgültig erworben?
1. mit 7 Jahren
2. mit 15 Jahren
3. niemals

D1:
Die Ausbildung einer eindeutigen Geschlechtsidentität zählt zu einem Bildungsprozess, der bei jedem Vorschulkind stattfindet. Sollte das Geschlecht der Kinder in diesem Alter seitens der Erzieherin überhaupt schon thematisiert werden?
1. Ja, weil eine Erzieherin den Prozess der Geschlechtsidentitätsentwicklung begleiten muss.
2. Nur am Rande, weil Kindern in diesem Alter noch nicht mit der Geschlechterproblematik konfrontiert und belastet werden sollten. Solange eine Erzieherin Jungen und Mädchen gleich behandelt, kann sie nichts falsch machen.
3. Erziehung zum Geschlecht ist Privatsache der Eltern. Eine Erzieherin hat dies zu akzeptieren und sollte die Kinder im Kindergarten diesbezüglich nicht verwirren.

D2:
Warum spielen Jungengruppen im Kindergarten selten das Rollenspiel „Vater-Mutter-Kind"?
1. Weil Jungen bei diesem Spiel ihrem natürlichen Bewegungsdrang nicht gerecht werden können.
2. Weil beim „Vater-Mutter-Kind"-Spiel die verbale Kommunikation im Vordergrund steht und das Sprachzentrum des männlichen Gehirns im Vorschulalter noch nicht weit genug entwickelt ist, um Freude an diesem Spiel zu haben.
3. Im Rollenspiel spielen die Kinder das nach, was sie im Alltag gesehen und erlebt haben. Für Jungen ist das Spiel oftmals zu langweilig, weil sie nicht viel davon wissen, was die Vaterrolle bedeutet und was sie konkret im Spiel als Vater tun können. Das was sie wissen, ist als Spiel unattraktiv für sie.

D3:
Was bedeutet Bindungsidentität bei Mädchen?
1. Aufgrund der besseren Vernetzungen im Gehir, verbinden Mädchen alle Informationen, die sie aus dem Alltag erhalten und mit denen sie sich als weiblich identifizieren.

2. Sie identifizieren sich mit der Mutter, indem sie so sein und so werden wollen wie sie, denn sie ist eine Frau.
3. Sie binden sich rein physisch für eine gewisse Zeit (im Alter von etwa zwei Jahren) an die Mutter, indem sie ihr sozusagen „am Rockzipfel hängen".

D4:
In dem Entwicklungsalter, in welchem Kinder ihre Geschlechtsidentität entwickeln, sind in der Regel fast alle Bezugspersonen weiblich. Woher kommt die Tatsache, dass im Kindergarten fast nur Frauen arbeiten?
1. Aufgrund der Geschichte des Berufsbildes: Der Beruf „Erzieherin" war vor langer Zeit bereits ein typischer Frauenberuf, weil die Meinung vorherrschte, dass Frauen von Natur aus mütterlich sind und weil sich die Aufgaben der Frauen auf Erziehung und Haushalt beschränkten.
2. Im Kindergarten arbeiten meist nur Frauen, weil es besonders für ganz junge Kinder wichtig ist, eine Art Mutterersatz im Kindergarten zu haben. Wäre dies nicht gegeben, dann würde sich das Kind bei Eintritt in den Kindergarten nicht von der Mutter lösen können.
3. Frauen sind grundsätzlich für die Tätigkeit im Kindergarten geeignet aufgrund ihrer hohen Empathiefähigkeit und ihrer feinmotorischen Begabungen.

Lösung

	A	B	C	D
1	Antwort 1	Antwort 1	Antwort 2	Antwort 1
2	Antwort 3	Antwort 2	Antwort 1	Antwort 3
3	Antwort 3	Antwort 2	Antwort 2	Antwort 2
4	Antwort 2	Antwort 2	Antwort 3	Antwort 1

Literaturverzeichnis

bildungsclick.de (bikl/hf): Medienkompetenz im Kindergarten zulassen!, Artikel vom 01.03.2007, abgerufen unter: bildungsklick.de/a/51580/medienkompetenz-im-kindergarten-zulassen/, (06.10.2009)

Bischof-Köhler, Doris: Von Natur aus anders. Psychologie der Geschlechtsunterschiede, Stuttgart/Berlin/Köln, Kohlhammer, 2002

Blank-Mathieu, Margarete: Jungen im Kindergarten, Frankfurt am Main, Brandes und Apsel, 1996

Blank-Mathieu, Margarete: Kleiner Unterschied – große Folgen? Geschlechtsbewusste Erziehung in der Kita, München, Reinhardt Verlag, 2002

Bundesministerium für Familie, Senioren, Frauen und Jugend (Hrsg.): Material für die Presse: Lebenswelten von Migrantinnen und Migranten in Deutschland. Rollenbilder in Migrantenmilieus, Berlin, 2007

Busch, Felix: Ringen und Kämpfen. Ideen, Hintergründe und Praxisbeispiele für den Sportunterricht in der Grundschule, Donauwörth, Auer Verlag, 2002

Cornelißen, Waltraud: Was wird aus Mädchen und Jungen? Berufsfindung und Lebensplanung, in: KiTa spezial 3/2008, Kronach, Carl Link Verlag, S. 38–40

Dechmann, Birgit/Ryffel, Christiane: Soziologie im Alltag. Eine Einführung, Zürich, Juventa, 2005

DUDEN. Das Fremdwörterbuch, Band 5, 7. Auflage, Mannheim/Leipzig/Wien/Zürich, Duden Verlag, 2001

Eder, Sabine/Orywal, Christiane/Roboom, Susanne: Pixel, Zoom und Mikrofon – Medienbildung in der KITA. Ein Medienpraktisches Handbuch für Erzieher/-innen, Schriftenreihe der NLM, Band 21, Berlin, VITAS Verlag, 2008

Elschenbroich, Donata: Das Weltwissen der Siebenjährigen, München, Goldmann, 2001

Faulstich-Wieland, Hannelore: Geschlecht und Erziehung. Grundlagen des pädagogischen Umgangs mit Mädchen und Jungen, Darmstadt, Wissenschaftliche Buchgesellschaft, 1995

Focks, Petra: Starke Mädchen, starke Jungs. Leitfaden für eine geschlechtsbewusste Pädagogik, Freiburg/Basel/Wien, Herder, 2002

Gebhardt, Wolf: Tief ins Gehirn geblickt, in: P.M. Perspektive Mann & Frau 3/2008, Gruner und Jahr, München, 2008, S. 68–71

Gilbert, Susan: Typisch Mädchen! Typisch Jungen! Praxisbuch für eine geschlechtsgerechte Erziehung, Düsseldorf. Zürich, Walter Verlag, 2001

Glücks, Elsbeth/Ottomeier-Glücks, Franz Gerd (Hrsg.): Geschlechtsbezogene Pädagogik, Münster, Votum Verlag, 1994

Gottwald, Anja: Wi(e)der die Stereotypen! Naturwissenschaftliches Experimentieren im Kindergarten, in: KiTa spezial 3/2008, Kronach, Carl Link Verlag, S. 22–24

Hagemann-White, Carol: Sozialisation: Weiblich – männlich, Leverkusen, Leske und Budrich, 1984

Herm, Sabine: Psychomotorische Spiele für Kinder in Krippen und Kindertagesstätten, 12. Aufl., Berlin, Cornelsen Scriptor, 2007

Horstkremper, Marianne/Zimmermann, Peter: Zwischen Dramatisierung und Individualisierung. Geschlechtstypische Sozialisation im Kindesalter, Hemsbach, VS Verlag, 1998

Irmler, Lena: Doing gender – in der Kita?, in: KiTa spezial 3/2008, Kronach, Carl Link Verlag, S. 9–11

Jordan, Kirsten/Quaiser-Pohl, Claudia: Wie wär`s mit Wahrheiten? In: EMMA Juli/August 2007, Nr. 4(279), EMMA-Frauenverlag, Köln, S. 84–85

Kaiser, Astrid: Jungen richtig erziehen. Ein Ratgeber für Mütter, Väter und andere Erwachsene, Freiburg, Velber Verlag, 2005

Kasüschke, Dagmar: Ab mit den alten Zöpfen. Zur Problematik geschlechtsspezifischer Arbeit, in: Kindergarten heute, Herder Verlag, Freiburg, Heft 7, 2001, S. 6–11

Kasüschke, Dagmar: Partizipation von Mädchen und Jungen in Kindertageseinrichtungen, in: KiTa spezial 3/2008, Kronach, Carl Link Verlag, S. 12–14

Kieninger, Martina: Physik mit 2- bis 3-Jährigen, Berlin/Düsseldorf/Mannheim, Cornelsen Verlag, 2008

Kindergarten Fun & Care/Reinhold Eckhardt: Geschlechtssensible Pädagogik, abgerufen unter: www.fun-and-care.at/paedagogik.php?Titel=Geschlechtssensible+P%E4dagogik, (06.10.2009)

Klees-Möller, Renate: Mädchen in Kindertageseinrichtungen, hrsg. vom DRK Landesverband Nordrhein e. V., Düsseldorf, 1998

Krabel, Jens/Cremers, Michael (Hrsg.): Praxisbuch für eine geschlechterbewusste und -gerechte Kindertageseinrichtung, August 2008, abgerufen unter: www.genderloops.eu, (22.10.2008)

Krüger, Helga: Territorien – Zur Konzeptualisierung eines Bindeglieds zwischen Sozialisation und Sozialstruktur, in: Geschlechterforschung als Kritik, hrsg. von Eva Breitenbach, Ilse Bürmann u. a., Bielefeld, Kleine Verlag, 2002, S. 29–47

Leitstelle für Alltags- und Frauengerechtes Planen und Bauen: Geschlechtersensible Verkehrsplanung, Wien, abgerufen unter: www.wien.gv.at/stadtentwicklung/alltagundfrauen/verkehr.html, (26.10.2008)

Merkel, Johannes: Gebildete Kindheit. Wie die Selbstbildung von Kindern gefördert wird. Handbuch der Bildungsarbeit im Elementarbereich, Bremen, edition lumiere, 2005

Mertens, Wolfgang: Psychoanalyse, 5. Auflage, Stuttgart/Berlin/Köln, Kohlhammer, 1996

Miller, Patricia: Theorien der Entwicklungspsychologie, Heidelberg/Berlin, Spektrum Wissensverlag, 1993

Mühlen-Achs, Gitta: Geschlecht bewusst gemacht. Körpersprachliche Inszenierungen. Ein Bilder- und Arbeitsbuch, München, Frauenoffensive Taschenbuch, 2008

Musiol, Marion: Lebensgeschichte und Identität im Erzieherinnenberuf, in: Bildung und Erziehung in der frühen Kindheit. Bausteine zum Bildungsauftrag von Kindertageseinrichtungen, hrsg. von Hans-Joachim Laewen und Beate Andres, Weinheim/Berlin/Basel, Beltz Verlag, 2002, S. 285–299

Nissen, Ursula: Kindheit, Geschlecht und Raum. Sozialisationstheoretische Zusammenhänge geschlechtsspezifischer Raumaneignung, Weinheim/München, Juventa, 1998

Neuß, Norbert: Kinder, Werbung und Konsum, in: Kindergarten heute, Ausgabe 11–12/2003, Herder Verlag, Freiburg, 2003

Oerter, Ralf/Montada, Leo (Hrsg.): Entwicklungspsychologie, 5. Auflage, Weinheim/Basel, Beltz Verlag, 2002

Paese, Allan/Pease, Barbara: Warum Männer nicht zuhören und Frauen schlecht einparken. Ganz natürliche Erklärungen für eigentlich unerklärliche Schwächen, 26. Auflage, Düsseldorf, Ullstein Verlag, 2003

Permien, Hanna/Frank, Kerstin: Schöne Mädchen – Starke Jungen? Gleichberechtigung (k)ein Thema in Tageseinrichtungen für Schulkinder, Freiburg im Breisgau, Lambertus Verlag, 1995

Posch, Waltraud: Körper machen Leute. Der Kult um Schönheit, Frankfurt am Main, Campus, 1999

Prengel, Annedore: FIS Fachinformationssystem Bildung, abgerufen unter: www.fachportal-paedagogik.de/fis-bildung.de, (11.10.2008)

Projektsstelle Gender Mainstreaming Wien: Öffentlicher Grünraum – Gender Mainstreaming, abgerufen unter: www.wien.gv.at/menschen/gendermainstreaming/beispiele/gruenraum.html, (24.10.2008)

Rabe-Kleberg, Ursula: Gender Mainstreaming und Kindergarten, Weinheim/Basel/Berlin, Beltz Verlag, 2003

Rendtorff, Barbara: Kindheit, Jugend und Geschlecht. Einführung in die Psychologie der Geschlechter, Weinheim/Basel, Beltz Verlag, 2003

Rohrmann, Tim/Thoma, Peter: Jungen in Kindertagesstätten. Ein Handbuch zur geschlechtsbezogenen Pädagogik, Freiburg im Breisgau, Lambertus Verlag, 1998

Rohrmann, Tim: Echte Kerle. Jungen und ihre Helden, Reinbek bei Hamburg, Rowohlt Verlag, 2001

Rohrmann, Tim: Gender Mainstreaming in Kindertageseinrichtungen, in: Kindertageseinrichtungen aktuell. Ausgabe ND, Jg. 11, Teil 1: Heft 11, S. 224–227, Teil 2, Kronach, Carl Link Verlag, 2003

Rohrmann, Tim: Warum ich mir mehr Männer im Kindergarten wünsche, in: TPS 2/2008, Seelze/Velber, Erhard Friedrich Verlag S. 26-27

Scheu, Ursula: Wir werden nicht als Mädchen geboren – wir werden dazu gemacht., Frankfurt am Main, Fischer Verlag, 1977

Schmok, Johanna: Geschlechtsbewusste Erziehung in Kindertagesstätten, abgerufen unter: www.kbs-ploen.de/downloads/johannaschmokgeschlechterbewussteerziehungundk.pdf (21.10.2009)

Schnack, Dieter/Neutzling, Rainer: Kleine Helden in Not. Jungen auf der Suche nach Männlichkeit, Hamburg, Rowohlt Verlag, 1990

Schneider, Claudia: Geschlechtssensible Pädagogik. Leitfaden für Lehrer/-innen und Fortbildner/-innen im Bereich Kindergartenpädagogik, hrsg. vom Bundesministerium für Bildung, Wissenschaft und Kultur, Wien, 2005

Sozialwerk e.V. des Lesben- und Schwulenverbandes: Liebe verdient Respekt. Informationen zur Homosexualität, Berlin, 1999

Spitzer, Manfred: Gehirnforschung und die Schule des Lernens, Berlin/Heidelberg, Spektrum Akademischer Verlag, 2002

Stricker, Sandra: Wenn das Ich sich öffnet, in P.M.: Perspektive Mann & Frau, 3/2008, München, Gruner und Jahr 2008, S. 28–31

Trautner, Hanns Martin: Entwicklung der Geschlechtsidentität, in: Erntwicklungspsychologie, 5. Auflage, hrsg. von Ralf Oerter und Leo Montada, Weinheim/Basel, Beltz Verlag, 2002

Verlinden, Martin: Mädchen und Jungen im Kindergarten, Köln, Sozialpädagogisches Institut NRW, 1995

Verlinden, Martin/Külbel, Anke: Väter im Kindergarten. Anregungen für die Zusammenarbeit mit Vätern in Tageseinrichtungen für Kinder, Weinheim/Basel, Beltz Verlag, 2005

Walter, Melitta: Jungen sind anders. Mädchen auch. Den Blick schärfen für eine geschlechtergerechte Erziehung, München, Kösel Verlag, 2005

Walter, Melitta: Muss ich jede Mode mitmachen? Frauen und Männer auf der Suche nach einer Geschlechter-Haltung für sich selbst, in: TPS 2/2008, Seelze/Velber, Erhard Friedrich Verlag, 2008

Walter, Melitta „Mädchen und Jungen sind gleichberechtigt?! Wie der sperrige Auftrag des Gender Mainstreaming einen Platz im Alltag der Kindertageseinrichtungen finden kann, in: KiTa spezial 3/2008, Kronach, Carl Link Verlag, S. 6–8

Bildquellenverzeichnis

© Christian Schlüter, Essen/Bildungsverlag Eins, Troisdorf: Umschlagfoto, S. 15, 17, 25 (links), 41, 84, 89, 93, 94, 96, 99, 101 (rechts), 106, 108, 114, 131, 138, 146
© jerome berquez/Fotolia.com: S. 8
© Martina Berg/Fotolia.com: S. 9
© Dantok/Fotolia.com: S. 10 (oben links)
© MEV Verlag/independent light: S. 10 (oben rechts), 29 (links)
© ArTo/Fotolia.com: S. 10 (Mitte links)
© Sergey/Fotolia.com: S. 10 (Mitte)
© Michael S. Schwarzer/Fotolia.de: S. 10 (Mitte rechts)
© Martina Chmielewski/Fotolia.com: S. 10 (unten links)
© Claudio Baldini/Fotolia.com: S. 10 (unten Mitte)
© Alx/Fotolia.com: S. 10 (unten rechts)
© MEV Verlag/Susanne Kracke: S. 12
© OOZ/Fotolia.com: S. 20
© picture-alliance/dieKLEINERT.de/Ralf Stumpp: S. 21
© picture-alliance/dieKLEINERT.de/Beate Fahrnländer: S. 22
© bilderbox/Fotolia.com: S. 25 (rechts)
© MEV Verlag/Agency Call: S. 28 (links)
© picture-alliance/united-archives/mcphoto: S. 28 (rechts)
© Stefan Redel/Fotolia.com: S. 29 (rechts)
© AVAVA/Fotolia.com: S. 30 (links)
© detailblick/Fotolia.com: S. 30 (rechts)
© Pétrouche/Fotolia.com: S. 36
© picture-alliance/ZB: S. 37, 128
© Joseph Shelton/Fotolia.com: S. 39
© MEV Verlag/Sven Lüders: S. 43, 69
© fafoutis/Fotolia.com: S. 44
© Andrey Stratilatov/Fotolia.com: S. 45
© BelFoto/Fotolia.com: S. 50
© MEV Verlag/Christian Albert: S. 51, 133
© Pavel Losevsky/Fotolia.com: S. 53
© akg-images/Cine Company/Lother, Jean-Claude: S. 58
© MEV Verlag/GW20 Foto: S. 60
© ullstein bild – SIPA: S. 61
© Galina Barskaya/Fotolia.com: S. 62
© Marzanna Syncerz/Fotolia.com: S. 66
© Marianna Zaturjan/Fotolia.com: S. 72
© picture-alliance/dpa: S. 73, 85
© fotodesign-jegg.de/Fotolia.com: S. 78 (links)
© Helmut/Fotolia.com: S. 78 (rechts)
© Mattel, www.barbiemedia.com: S. 81 (alle), 83 (2x)
© Susanne Güttler/Fotolia.com: S. 101 (links)
© Bildungsverlag Eins, Troisdorf: S. 110, 121, 126
© Evelyn Neuss, Hannover/Bildungsverlag Eins, Troisdorf: S. 115 (3x), 116 (2x)
© ullstein bild - JOKER/Steuer: S. 134
© picture-alliance/maxppp: S. 137
© Stadt Wien, www.wien.gv.at/: S. 140
© manu/Fotolia.com: S. 142

Sachwortverzeichnis

A
Adoleszenz 51
Aktivitäten 68
andersgeschlechtliche Lebensweise 37
Androgene 18
Arbeitsteilung 11, 77

B
Baby 43, 44
Barbiepuppe 81
Bekräftigung 53
Bekräftigungstheorie 52, 53
Berufswahl 11, 38, 39, 51
Bewegung 114, 119, 120
Bewegungsangebot 113
Bewegungslied 121
Bezugsperson 7, 52, 54, 55, 57, 67, 94, 131, 135
Bi-Sexualität 37, 137
Bilderbuch 61, 71, 73, 74, 111, 137
Bindung 54
Bindungsidentität 55
biologische Gegebenheiten 58, 87
biologische Geschlechtsmerkmale 36
biologischer Unterschied 21, 55
biologisches Geschlecht 6, 12, 24, 54
Bücher 59

C
Chancengleichheit 143, 148
Chromosom 18, 19, 22

D
dekonstruktivistische Perspektive 85, 88
Denkstrategien 21
Differenzierungsperspektive 85
differenztheoretische Perspektive 87, 88
Doing gender 26, 27, 29, 33, 37, 87
Doing Life Course Difference 38, 40

E
Eltern 43, 68, 69, 131
Elternarbeit 67, 131, 133, 135
Embryone 19
Entspannungsspiel 118
entwicklungsbedingte Gegebenheiten 58
Erwachsenenalter 52

F
Familienplanung 51
Fernsehen 59
fiktiver Vorbilder 61
Fötus 18, 19
Frauenberufe 13, 39
Frauenbewegung 86, 139
Frauenforschung 24
Freispiel 98, 99, 104

G
gegengeschlechtliche Verhaltensweisen 57
Gehirn 19, 20, 35
Gehirnfunktionen 19
Gehirnstruktur 18, 19
Gender 24, 25, 34, 37, 38, 87, 113, 143
Gender Mainstreaming 8, 139, 140, 142, 143, 144
Gene 19
genetischer Bauplan 18, 19, 22
Geschlecht 24, 32, 55, 56
Geschlechterbilder 69
Geschlechterdifferenz 18, 23, 24, 55
Geschlechterforschung 24
geschlechtergerechte Pädagogik 90
Geschlechterkategorie 23, 26, 32, 43, 44, 45, 47, 50, 55, 57, 70
Geschlechterklischee 27, 121
Geschlechterkonstanz 44, 47, 48, 50
Geschlechterrolle 6, 24, 25, 26, 27, 29, 32, 35, 36, 47, 50, 51, 52, 55, 61, 69, 74, 85, 91, 92, 99, 127
Geschlechterrollen-Stereotype 21
Geschlechterrollenbilder 90
Geschlechterrollenübernahme 67
Geschlechterstereotyp 32, 35, 50, 70, 72, 90
Geschlechterunterscheidung 7, 44
Geschlechterverhältniss 74, 85
geschlechtsbewusste Kindergartenpädagogik 91
geschlechtsbewusste Pädagogik 8, 90, 91, 94, 95, 127, 131, 144
Geschlechtsbewusstsein 45, 70
geschlechtsbezogene Pädagogik 90
Geschlechtsidentität 6, 7, 35, 36, 42, 43, 45, 47, 50, 51, 52, 55, 57, 58, 59, 87, 91, 92, 95, 135
Geschlechtsidentitätsstörung 58
Geschlechtsmerkmale 19
Geschlechtsrolle 42
Geschlechtsrollenbilder 95
geschlechtssensible Pädagogik 90, 148
geschlechtssensibler Kindergarten 147
Geschlechtsstereotyp 46, 87, 121
geschlechtstypisch 18
geschlechtstypische Territorien 38
Geschlechtsunterschiede 7
Geschlechtszugehörigkeit 47, 55, 92
Geschwister 55, 71
Gesellschaft 12, 124
gesellschaftliche Einflüsse 58, 67
Gleichaltrige 43, 51, 52, 67, 70
Gleichbehandlung 90
Gleichberechtigung 86
gleichgeschlechtliche Gruppen 46, 70
Gleichheitsperspektive 85, 86, 88

Gleichstellung 139
Grundschulalter 50
Gruppendruck 70

H
Helden 60
Heteronormativität 36, 37
Heterosexualität 35, 36, 37
heterosexuelle Lebensweise 137
heterosexuelle Orientierung 51
Homosexualität 35, 137
homosexuelle Orientierung 51, 58
Hormone 18, 19, 23

I
Identifikation 54, 56, 59, 60, 63
Identifikationsfigur 56, 59
Identifikationsmöglichkeit 63
identifikatorisches Lernen 53
identifizieren 73
Identität 27, 42, 44, 51, 92
Identitätsentwicklung 95
identitätsstiftend 63
Imitation 53, 59
Imitationstheorie 53
individuelles Merkmal 32
innere Haltung 91, 92
Interaktion 29, 32, 39
Intersexualität 22, 23
Intersexuelle Menschen 37

J
junge Erwachsene 52
Jungengruppe 70, 87, 106

K
Kategorie 11, 23, 44
Kategorisierung 34, 45, 46
Kindergarten 67
Kindergartenalter 45
Kindergartenräume 14
Kinderladen 85
KJHG 144
kleine Kinder 43
Kleinkind 55
Klischee 32, 33, 34, 35, 77
Kognitionspsychologie 7
kognitionspsychologischer Erklärungsansatz 45

kognitive Entwicklung 45
Kommunikation 29
kommunizieren 68
kompensatorische Erziehung 90
Konflikt 11, 25, 26
konstruktivistische Perspektive 87
Kontinuität 56
Körpersprache 11, 29, 31
Kreisspiel 121
Kultur 11, 12, 24, 25, 42, 124
Kultur der Zweigeschlechtlichkeit 11, 23, 36, 42, 67
kulturell 67
kulturell-gesellschaftlich 86
kulturelles System 6, 7

L
Lernpsychologie 7
lesbische Frauen 37

M
Mädchengruppe 70, 87, 106
materiell 67
medial 67
Medien 43, 46, 71, 72, 73, 108
medienbezogenes Spielzeug 73
Medienfigur 53
Medienheld 56, 72, 101, 109, 110
Medienspur 73, 107
Medienwelt 60
Migrationshintergrund 127, 128
Modell 42, 53, 59, 61, 92
Modellfunktion 86
Modelllernen 53

N
negative Verstärkung 52

O
Östrogene 18

P
pädagogische Angebote 15
pädagogisches Konzept 86, 87, 147
Partizipation 125
positive Verstärkung 52

Psychoanalyse 7, 92
psychoanalytischer Erklärungsansatz 54, 55, 59
psychologische Erklärungsansatz zur Geschlechterdifferenz 7
psychosexuelle Entwicklung 55
psychosexuelle Identifikation 54

R
Rolle 46, 56, 75, 101, 110, 121
Rollenbild 11, 26, 29, 69, 72, 105, 147
Rollenerwartung 95
Rollenklischee 67, 74
Rollenspiel 69, 100, 101, 107
Rollenstereotyp 127
Rollenverhalten 36, 60
Rollenzuweisung 90
Rollenzuweisungszwang 85

S
Säugling 43, 54
Schönheitsideal 82
schwule Männer 37
Selbstbildungsprozess 94, 95
Selbstkategorisierung 45, 70
Sex 24, 37
sexuelle Orientierung 35, 36, 37, 137
Singspiel 121
sozialbiologischer Ansatz 7, 23, 24
soziale Geschlechtsmerkmale 24
soziale Kategorie 32
soziale Lerntheorie 52
soziale Rangordnung 70
sozialer Unterschied 55
soziales Geschlecht 24, 25, 26, 113, 139
soziales Lernen 47
Sozialisation 7, 27, 29, 32, 38, 67, 68, 70, 92
Sozialisationsbedingungen 87
Sozialisationsinstanz 43, 67, 68, 69, 71, 131
Sozialisationsinstanzen 7
Sozialisationsprozess 18, 67
sozialtheoretisch 7

sozialtheoretischer Erklärungsansatz 24
Spielaktivität 98
Spielangebot 104
Spiele 39, 46, 47, 55, 68, 73, 78, 95, 97, 100, 110, 147
Spielhandlung 77
Spielmaterial 99
Spielpartner 47
Spielpartnerinnen 47
Spielräume 97
Spielsachen 71
Spielstil 70
Spielzeug 11, 43, 44, 46, 47, 68, 75, 77, 81, 109, 135, 136
Sprache 11, 124
Sprachgebrauch 147

Stereotyp 32, 34, 35, 46, 47, 92
Stereotypisierung 34
Störung der Geschlechtsidentität 57
Symbiose 54

T
Territorien 39, 40, 90
Testosteron 19
Toleranzgrenze 57
Transfrauen 37
Transmänner 37
Trennungsidentität 55

U
Übertragung 92
Umwelt 67

V
Vergeschlechtlichung 12
Vorbild 59, 60, 69
Vorlesebuch 73
Vornamens 11, 63
Vorurteile 32, 34, 35

W
Werbemedien 76
Werbung 59, 74, 75, 76

Y
Y-Chromosom 18, 19

Z
Zeichnungen 46
Zuordnung 63